AF203000

Tucholsky Wagner Zola Scott Sydow Schlegel
Turgenev Wallace Fonatne Freud
Twain Walther von der Vogelweide Fouqué Friedrich II. von Preußen
Weber Freiligrath Frey
Fechner Fichte Weiße Rose von Fallersleben Kant Ernst Frommel
Richthofen
Engels Fielding Hölderlin
Fehrs Faber Flaubert Eichendorff Tacitus Dumas
Maximilian I. von Habsburg Fock Eliasberg Ebner Eschenbach
Feuerbach Ewald Eliot Zweig Vergil
Goethe Elisabeth von Österreich London
Mendelssohn Balzac Shakespeare Dostojewski Ganghofer
Trackl Lichtenberg Rathenau Doyle Gjellerup
Mommsen Stevenson Tolstoi Hambruch Droste-Hülshoff
Thoma Lenz Humboldt
Dach Verne von Arnim Hägele Hauff
Karrillon Reuter Rousseau Hagen Hauptmann Gautier
Garschin
Damaschke Defoe Hebbel Baudelaire
Descartes
Wolfram von Eschenbach Hegel Kussmaul Herder
Bronner Darwin Dickens Schopenhauer Rilke George
Melville Grimm Jerome
Campe Horváth Aristoteles Bebel Proust
Bismarck Vigny Voltaire Federer Herodot
Gengenbach Barlach Heine
Storm Casanova Tersteegen Grillparzer Georgy
Lessing Gilm
Chamberlain Langbein Gryphius
Brentano Lafontaine
Strachwitz Claudius Schiller Kralik Iffland Sokrates
Katharina II. von Rußland Bellamy Schilling
Gerstäcker Raabe Gibbon Tschechow
Löns Hesse Hoffmann Gogol Wilde Vulpius
Luther Heym Hofmannsthal Klee Hölty Morgenstern Gleim
Roth Heyse Klopstock Kleist Goedicke
Luxemburg Puschkin Homer Mörike
Machiavelli La Roche Horaz Musil
Navarra Aurel Musset Kierkegaard Kraft Kraus
Nestroy Marie de France Lamprecht Kind Kirchhoff Hugo Moltke
Laotse Ipsen Liebknecht
Nietzsche Nansen Marx Ringelnatz
von Ossietzky Lassalle Gorki Klett Leibniz
May vom Stein Lawrence Irving
Petalozzi Knigge
Platon Kafka
Sachs Pückler Michelangelo Kock
Poe Liebermann Korolenko
de Sade Praetorius Mistral Zetkin

Der Verlag tradition aus Hamburg veröffentlicht in der Reihe **TREDITION CLASSICS** Werke aus mehr als zwei Jahrtausenden. Diese waren zu einem Großteil vergriffen oder nur noch antiquarisch erhältlich.

Symbolfigur für **TREDITION CLASSICS** ist Johannes Gutenberg (1400 — 1468), der Erfinder des Buchdrucks mit Metalllettern und der Druckerpresse.

Mit der Buchreihe **TREDITION CLASSICS** verfolgt tradition das Ziel, tausende Klassiker der Weltliteratur verschiedener Sprachen wieder als gedruckte Bücher aufzulegen – und das weltweit!

Die Buchreihe dient zur Bewahrung der Literatur und Förderung der Kultur. Sie trägt so dazu bei, dass viele tausend Werke nicht in Vergessenheit geraten.

Imaginäre Gespräche

Walter Savage Landor

Impressum

Autor: Walter Savage Landor
Umschlagkonzept: toepferschumann, Berlin

Verlag: tredition GmbH, Hamburg
ISBN: 978-3-8424-0624-7
Printed in Germany

Ziel der TREDITION CLASSICS ist es, tausende deutsch- und
fremdsprachige Klassiker wieder in Buchform verfügbar zu
machen. Die Werke wurden eingescannt und digitalisiert. Dadurch
können etwaige Fehler nicht komplett ausgeschlossen werden.
Unsere Kooperationspartner und wir von tredition versuchen, die
Werke bestmöglich zu bearbeiten. Sollten Sie trotzdem einen Fehler
finden, bitten wir diesen zu entschuldigen. Die Rechtschreibung der
Originalausgabe wurde unverändert übernommen. Daher können
sich hinsichtlich der Schreibweise Widersprüche zu der heutigen
Rechtschreibung ergeben.

Text der Originalausgabe

Walter Savage Landor

Imaginäre Gespräche

Mit freundlicher Genehmigung der
Potsdamer Verlagsgesellschaft, Produktionsgruppe Rütten und
Löning, veröffentlicht

Im Verlag von Ernst Klett. Stuttgart

April 1948

Lizenz Nr. US-W-1023 Gedruckt bei Ernst Klett in Stuttgart

Alexander und der Priester des Jupiter Ammon

Alexander. Ich bin, wie König Philipp, den unwissende Menschen meinen Vater nennen, allzeit ein Freund und Beschützer der Götter gewesen.

Priester. Bis heute habe ich des Glaubens gelebt, daß die Götter uns Menschen Freundschaft und Schutz gewähren; jetzt aber höre ich, daß ein König von Mazedonien seinen Schild über die Unsterblichen hält. Wenn man mir recht berichtet hat, so glänzte König Philipp nicht durch gleiche Frömmigkeit.

Alexander. Er war der frömmste Fürst seiner Zeit.

Priester. Worauf, o Alexander, begründet sich dieses überschwengliche Lob?

Alexander. Er war nicht nur verschwenderischer mit schrecklichen Flüchen, er opferte auch eifriger und üppiger als irgendein Oberster des Heeres oder irgendein Priester der Götter.

Priester. Üppiger? Wohl wie solche, die er schon im Unglück fand, oder solche, deren Unglück unter ihm begann, mit anderen Worten, üppiger wie die, welche er besiegte, oder wie die, deren Elend ererbt war, da sie als Untertanen des Siegers geboren wurden.

Alexander. Er legte untrügliches Zeugnis ab für seine Frömmigkeit, als er den Oenomarchus schlug, den Feldherrn der Phokier, die sich erdreistet hatten, einen Acker umzupflügen, der dem Apollo geweiht war.

Priester. Hätte es Apollo gefallen, so würde er den Phokiern, die seinen Acker pflügten, die Arbeit ebenso heiß gemacht haben wie den fürwitzigen Griechen vor Troja, die seinem Priester die Tochter entführten. Er tötete mit seinen Pfeilen eine Menge Maulesel, um zu zeigen, daß es ihm Ernst war, und wäre fähig gewesen, weiter zu schießen sowohl auf Vieh als auf Menschen, bis er schließlich den Schuldigen getroffen hätte.

Alexander. Er gab Königen eine Lehre, indem er ihre Völker vor ihren Augen tötete; nie aber, des bin ich gewiß, würde er das schlechte Beispiel gegeben haben, Könige selbst zu erschlagen. Um ganz Griechenland seine Verehrung für den Apoll von Delphi zu zeigen, erschlug Philipp sechstausend Gotteslästerer und jagte dreitausend ins Meer.

Priester. Alexander! Alexander! Die Grausamen sind Gotteslästerer, nicht die, welche durch Grausamkeit leiden. Ist es so unverzeihlich, wenn die Unwissenden über ihre Götter im unklaren leben, da die Weisen an ihren eigenen Vätern zweifeln?

Alexander. Ich zweifle nicht an dem meinen. Philipp ist mein Vater nicht.

Priester. Das leuchtet mir ein.

Alexander. Wer könnte es demnach anders sein als Jupiter selbst?

Priester. Die Priester von Pella werden dir darauf besser mit dem Orakel antworten können als wir Priester von der Oase.

Alexander. Wir haben kein Orakel in Pella.

Priester. Wenn ihr eines hättet, so möchte es sein, daß es für diesmal verstummte.

Alexander. Ich fange an, die Geduld zu verlieren.

Priester. Ich habe dir von der meinen abgegeben, da ich dich so schlecht damit versehen sah; wenn ich aber deine Gebärden richtig deute, so scheint mir meine Geduld recht unbequem auf den Schultern zu lasten.

Alexander. Das mir! – Dem Gotterzeugten! Dem Wohltäter der Menschheit!

Priester. Einem Wohltäter von der Art des Philipp, der dreitausend Männern zu ihrer Erfrischung ein so köstliches Bad bereitete. Bimsstein in Fülle! Aber ein rechter Mangel an Handtüchern!

Alexander. Keine Tändelei! Keine schlechten Witze!

Priester. Man nennt einen guten Witz nur den, welcher einen anderen trifft.

Alexander. Laß uns zur Sache kommen: Ich bin bereit, dir darzutun, daß weder Jason noch Bacchus auf ihren denkwürdigen Heerzügen der Menschheit größere Dienste erwiesen haben, als ich ihr erwies und in Zukunft erweisen werde.

Priester. Jason gab den Menschen das Schauspiel der Falschheit und Undankbarkeit; Bacchus machte sie trunken. Du scheinst ein würdiger Nachfolger dieser Trefflichen zu sein.

Alexander. Einem gekrönten Haupte bietest du solche Frechheit! Über Helden und Götter führst du so leichtfertige Sprache!

Priester. Sei eingedenk, Alexander, daß wir Priester Vorrechte haben!

Alexander. Auch ich habe Vorrechte und darf von meinen großen Taten sprechen; wenn nicht als Befreier von Griechenland, dessen zerstörte Einigkeit ich wieder gefestigt habe, so doch als Wohltäter von Ägypten und Jupiter.

Priester. Hier ist es allerdings nicht an der Zeit, zu lachen; denn dein königliches Wort bezeugt, daß Jupiter dir selbst verpflichtet ist; ebenso klar bezeugt es, daß du nichts als seinen Segen von ihm haben willst – es sei denn, du wünschest, daß er sich öffentlich zu einer neuen ehebrecherischen Zeugung bekenne, die seinen schwarzen Locken besser angestanden hätte als seinem grauen Greisentum.

Alexander. Entsetzen! So redest du von Jupiter!

Priester. Nur wenn ich mit solchen spreche, die in einem vertraulichen Verhältnis zu ihm stehen: Mit einer seiner Geliebten zum Beispiel, oder mit seinem Sohne. Du sagst ja, du seiest sein Sohn.

Alexander. Wahrlich, bei meinem Haupte und bei meinem Zepter, das bin ich. Nichts ist gewisser.

Priester. Darüber wollen wir uns noch bereden.

Alexander. Laß uns jetzt gleich darüber reden!

Priester. Wie ist es möglich, daß Jupiter dein Vater ist, da –

Alexander. Da was ?

Priester. Kannst du mich nicht aussprechen lassen?

Alexander. Du stellst eine törichte Frage!

Priester. Nicht ich habe die Frage gestellt, ob man mich als Sohn des Jupiter anerkennen wolle.

Alexander. Dich, ha!

Priester. Und doch ist sich die ganze Menschheit einig, daß uns Ländereien und Häuser der Unsterblichen gehören, und man nennt uns »göttlich«, als seien wir ihre Kinder. Manche versichern sogar, daß die Götter selbst weniger Einfluß und Besitztum auf Erden haben als wir.

Alexander. Das will ich alles gelten lassen; gebraucht nur euren Einfluß zugunsten eurer Wohltäter.

Priester. Ehe wir weiter darüber reden, sage mir, inwiefern du der Wohltäter Ägyptens bist, oder wie du gedenkst, es zu werden.

Alexander. Meine Erklärung wird zugleich beweisen, daß auch Jupiter Grund haben wird, mich als seinen Wohltäter zu begrüßen. Ich will an einem Platz, der für den Handel sehr günstig ist, eine Stadt erbauen: Natürlich werden die Besucher eines solchen Marktes dem Jupiter viele Opfergaben darbringen.

Priester. Wofür ?

Alexander. Für ihr Glück im Handel.

Priester. Ach Alexander! Die, denen das Glück lächelt, bringen selten Opfer dar, und das Beste davon weiß Hermes uns listig vorweg zu nehmen. Es gibt Städte genug in Ägypten: Ich möchte beinahe sagen, es gibt zu viele; denn die Menschen plündern sich gegenseitig, wenn sie zu nahe zusammensitzen.

Alexander. Ist es denn nicht ruhmreich, eine prächtige Stadt zu erbauen?

Priester. Ruhmreich mag es wohl sein.

Alexander. So bist du doch einmal bereit, mir gerecht zu werden.

Priester. Ich habe bis zur Stunde nicht geahnt, daß du neben deinen andern Gaben auch eine Gabe für die Baukunst besitzest.

Alexander. Frecher Spötter! Mich hältst du für einen Baumeister?

Priester. Ich war im Begriff, es zu tun, und gewiß nicht im Spott, sondern um meine Spottlust zu bändigen.

Alexander. Wie meinst du das?

Priester. Wer den Plan für eine große Stadt mit Straßen, Plätzen, Palästen und Tempeln entwirft, muß viel Nachdenken üben und vielerlei Art von Kenntnissen besitzen; und doch fordern die Teile, welche dem Ungebildeten, ja auch dem Gebildeten am meisten Bewunderung entlocken, weniger Sorgfalt und Wissen als die Dinge, welche man die niedrigen nennt. Ungesehen im Dunkel liegt die Anlage der Kanäle; dem Auge verborgen bleibt die Art, wie man die Wasserleitungen vor dem Eindringen der unreinen Gewässer schützt; wie man, um die Sommerhitze zu dämpfen, frische Luft in alle Räume der Wohnhäuser leitet, wie man Schlangen und Gewürm fernhält, ja wie man die Menschen vor stechenden Insekten behütet. Von solchen Dingen hängt in diesen Himmelsstrichen die Bequemlichkeit des Lebens ab.

Alexander. Ich zweifle nicht, daß mein Baumeister sie alle reiflich bedacht hat.

Priester. Wie heißt er?

Alexander. Ich will dir seinen Namen nicht nennen, der Ruhm ist mein; ich gab die Befehle, ich faßte zuerst den Gedanken.

Priester. Ein Hund, der im Staube schläft, kann von einer prächtigen Stadt träumen, wenn er je eine solche gesehen hat, und ein Wahnsinniger, der in Ketten liegt, kann davon träumen, sie zu erbauen, ja, kann selbst die Befehle dazu geben.

Alexander. Deine Art wird mir unerträglich!

Priester. Wäre ich im Unrecht, so könntest du sie ertragen. Du würdest deine Nachsicht als Großmut empfinden, und weisere Menschen würden sie noch in kommenden Jahrhunderten so nennen. Ich bücke mich nicht, um solcherlei Weisheit und Größe auszumessen; erweise mir darum jetzt eine Gunst und erkläre mir den Sinn deiner Worte »Nichts ist gewisser«; denn ich nehme an, daß es sich um einen Lehrsatz der Geometrie handelt, die ich ungemein liebe.

Alexander. Ich bin nicht hierher gekommen, um geometrische Figuren in den Sand zu zeichnen.

Priester. Dein Glück wäre es, wenn die Zeichnung, die du in der Welt zurücklassen wirst, sich so leicht verwischen würde wie Figuren im Sand.

Alexander. Was sagst du da?

Priester. Ich hing meinen Gedanken nach.

Alexander. Selbst der Städtebau ist in deinen Augen weder rühmlich noch empfehlenswert.

Priester. Ja, wahrlich, er gehört nicht zu den Unternehmungen der Mächtigen, denen ich ungeteilten Beifall zollen kann; das Zerstören von Städten aber ist eine Ausschweifung, die ich vor allen anderen verabscheue. Alle Städte der Erde sollten sich erheben wider den Mann, der eine von ihnen zugrunde gerichtet hat. Ehe dieses Gefühl nicht alle beherrscht, werden die Friedliebenden des Schutzes, die Tugendhaften der Ermutigung, die Tapferen der Unterstützung, die Wohlhabenden der Sicherheit entbehren. Wir Priester verkehren über weite Lande miteinander; selbst bis in diese Einsamkeit ist die Kunde deiner Taten gegen Theben gedrungen und hat unser Entsetzen erregt. Was für Herzen müssen die im Busen tragen, welche dir zujubelten, als du das Haus eines verstorbenen Dichters in der allgemeinen Zerstörung verschontest, während die Verwandten des größten Patrioten, der je gelebt hat, des Feldherrn, an dessen gastlichem Herde dein Vater alles gelernt, was er dich lehrte, und noch vieles mehr – die Verwandten des Epaminondas (hörst du mich?) erschlagen oder in die Sklaverei geschleppt wurden. Nun beginne mit der Auslegung deiner Worte »Nichts ist gewisser«.

Alexander. Nichts ist gewisser, oder eine große Menge von Zeugen ist bereit, es zu beglaubigen, daß meine Mutter Olympias, die ihren Gatten Philipp haßte, mich von einer Schlange empfing.

Priester. Deine Mutter Olympias haßte Philipp, einen stattlichen, mutigen, witzigen, wollüstigen jungen Mann, welcher sich mit verschwenderischer Pracht umgab und des Geldes nicht achtete, welcher der größte Feldherr, der heiterste Gesellschafter und der mächtigste Herrscher Europas war!

Alexander. Wisse, daß mein Vater Philipp – ich meine, mein vorgeblicher Vater – auch der größte Politiker der Welt war.

Priester. Das weiß ich wohl; aber ich zähle es nicht zu den Vorzügen, die eine Frau bestechen können; es wäre vielleicht der einzige Grund für sie gewesen, die Schlange als Familienoberhaupt vorzuziehen. Wir leben hier in Einsamkeit, o Alexander; doch sind wir darum nicht weniger begierig zu erfahren, was in der Welt umher vor sich geht. Olympias entbrannte also wirklich in Liebe zu einer Schlange? Und sie ließ sich verführen –

Alexander. Verführen? Verführen die Schlangen die die Menschen? Sie umschlingen und überwältigen sie.

Priester. Die Schlange muß gewandt gewesen sein.

Alexander. Das war sie ohne Zweifel.

Priester. Aber Frauen pflegen einen solchen Abscheu vor Schlangen zu empfinden, daß Olympias gewiß lieber die Flucht ergriffen hätte.

Alexander. Wie konnte sie das?

Priester. Oder sie hätte um Hilfe gerufen.

Alexander. Das tun Frauen nie, denn sie haben Angst, daß jemand sie hören könnte.

Priester. Alle Sterblichen scheinen eine angeborene Abneigung gegen dieses Reptil zu haben.

Alexander. Hüte deine Zunge! Nenne meinen Vater nicht Reptil!

Priester. Selbst du, in aller deiner Kraft, würdest schaudern, wenn du eine Schlange in deinem Bette fändest.

Alexander. Durchaus nicht. Dazu bin ich des festen Glaubens, daß die Schlange Jupiter selbst war. Die Priester in Mazedonien waren sich alle darüber einig.

Priester. Zur Zeit da es geschah?

Alexander. Als es geschah, wagte niemand darüber zu sprechen. Man fürchtete Philipp.

Priester. Was würde er getan haben?

Alexander. Er war jähzornig.

Priester. Würde er gegen Jupiter Krieg geführt haben?

Alexander. Bei meiner Seele! Ich weiß es nicht, aber ich an seiner Stelle würde es getan haben. Ich bin ein gehorsamer, willfähriger Sohn; aber kein himmlischer Donner kann mich schrecken, wenn es sich um meine Rechte als Gatte und König handelt.

Priester. Hat irgendeiner von den Priestern die Schlange gesehen, als sie kam oder als sie das Zimmer verließ ?

Alexander. Viele haben ein helles Licht in dem Raume leuchten sehen.

Priester. Licht wird die Schlange wohl gebraucht haben.

Alexander. Das klingt wie Hohn: Über Heiliges darf man nicht spotten. Was Tausende mit Augen sahen, sollte niemand anzweifeln. Der Himmel öffnete sich, Blitze zuckten, und seltsame Stimmen ließen sich hören.

Priester. Am lautesten tönte wohl die Stimme der Juno.

Alexander. Laß dich mahnen, daß ich ein König und ein Besieger von Königen bin. Man sollte mir hier doch zum mindesten mit dem Ernst und der Ehrerbietung begegnen, die ein Priester dem andern erweist.

Priester. Gewiß, o König! Da du aber wünschest, daß ich Mittel ausfindig mache, um die Welt von dieser ehrfurchtgebietenden Wahrheit zu überzeugen, so verzeihe mir in deiner Großmut, wenn meine Bemerkungen und Fragen dir weitläufig scheinen.

Alexander. Mache so viele Bemerkungen, wie du willst; aber bedränge mich nicht mit Fragen. Daran sind Könige nicht gewöhnt. Ich bin bereit, dir jedes Land vom Mittelpunkt bis zu den Grenzen Afrikas zu überlassen; ich will dir die seligen Inseln geben und das Land der Hyperboräer dazu. Ich wünsche nur, daß die Priesterschaft dieses Tempels meine Abstammung bestätigt und vor der Welt bezeugt.

Priester. Sei bedankt! Wir haben alles, was wir brauchen.

Alexander. Dann seid ihr keine echten Priester, und wenn mir nicht an eurem Zeugnis für die Göttlichkeit meiner Herkunft läge, so würde ich bedauern, soviel im voraus geboten zu haben, und würde mich versucht fühlen, die Hälfte der seligen Inseln und den größten Teil des hyperboräischen Randes von meinem Angebote abzuziehen.

Priester. Das sind ohnedies die Gegenden, o König, auf die unsere Bescheidenheit uns verzichten lassen würde. Afrika ist nicht viel wert, das wissen wir; doch sind wir ebenso zufrieden mit den Mandeln, Datteln, Melonen, Feigen, der frischen Butter, den Hirschen, Antilopen, Zicklein, den Schildkröten und Wachteln, die wir hier auf unserem Gebiete haben, als wenn sie uns fünfzig Tagereisen weit durch die Wüste zugebracht würden.

Alexander. Ist es denn tatsächlich möglich, daß euer Orakel Anstoß an einer so klar bewiesenen Sache nehmen und zögern kann, mich als den zu erklären, der ich bin?

Priester. Unser Bedenken (es ist geringfügig, das muß ich zugeben) ist dieses: Jupiter Ammon ist gehörnt.

Alexander. Das war mein Vater auch.

Priester. Die Kinder des Jupiter lieben sich untereinander. Das ist unser Glaube hier in Lybien.

Alexander. Mit Recht: Nie haben sich Geschwister inniger geliebt als Castor und Pollux. Ich selbst empfinde wahre Liebe für sie, wärmere noch für Herkules.

Priester. Wenn du auf Erden einen Bruder oder eine Schwester hättest, von Jupiter gezeugt, so würdest du sie feurig in die Arme schließen?

Alexander. Mein Herz und meine Herkunft würden mich dazu treiben.

Priester. O Alexander! Möge dein göttliches Geschlecht niemals entarten!

Alexander. Jetzt endlich kommt dir eine höhere Erleuchtung!

Priester. Jupiter heißt mich, dich als seinen Sohn zu grüßen!

Alexander. So bekennt er sich zu mir! Bekennt sich zu mir! Welches Opfer ist würdig, ihm meine Dankbarkeit für diese Gunst zu bezeigen?

Priester. Ein gehorsamer Sinn und eine Kamelslast von Narden und Myrrhen für seinen Altar.

Alexander. Ich spüre hier den köstlichen Duft von Benzoe.

Priester. Es wächst in unserer Nähe. Jupiters Nase liebt den Wechsel; er ist sich in allen Dingen treu. Er hat noch andere Söhne und Töchter auf Erden, die er in Schlangengestalt gezeugt hat; aber die gewöhnlichen Sterblichen wissen nichts von ihnen.

Alexander. Ist's möglich?

Priester. Ich beteuere es dir.

Alexander. Dann kann ich nicht daran zweifeln.

Priester. Sie sind nicht alle so anmutig von Gestalt und Zügen wie du, aber königlich und ehrfurchtgebietend. Es ist Jupiters Wille, daß du dich deiner Schwester vermählst gleich wie die Perserfürsten, deren Zepter er dir übertragen hat.

Alexander. Ich bin bereit! In welchem Lande lebt sie, die mir bestimmt ist.

Priester. Jupiter und das Schicksal, o Alexander, haben dich an die Stätte geführt, wo du deinen Ehebund vollziehen sollst.

Alexander. Wann taten sie das?

Priester. Jetzt, zu dieser Stunde.

Alexander. Laß mich die Braut sehen, wenn es kein Frevel ist, ihren Schleier zu lüften.

Priester. Folge mir.

Alexander. Dunkel und schlüpfrig sind die Stufen dieser Höhle, aber wie die von Eleusis wird sie gewiß in eitel Licht und köstlich kühlendem Schatten enden.

Priester. Warte hier einen Augenblick; es wird heller werden.

Alexander. Was sehe ich dort unten?

Priester. Wo?

Alexander. Dicht neben der Mauer, es hebt sich und senkt sich, langsam und regelmäßig, wie ein langes Schilf auf einem stillen Fluß, das vom Uferrand ins Wasser gesunken ist.

Priester. Du hast die Tochter des Jupiter erspäht, o Alexander, die wachsame Jungfrau, die Hüterin unserer Schätze. Wenn sie nicht wäre, so könnten die Wanderer, welche die Wüste durchziehen, unsere Kostbarkeiten entführen; aber sie haben gebührende Furcht vor der Tochter des Jupiter.

Alexander. Hölle und Furien! Was hast du gesagt? Ich habe dich nur halb verstanden. Tochter des Jupiter!

Priester. Fühlst du dich hingezogen zu der stillen, schüchternen Jungfrau? Ich will euch allein lassen.

Alexander. Orkus und Erebus!

Priester. Sei vorsichtig! Bändige dein Entzücken, bis die hochzeitlichen Bräuche vollzogen sind.

Alexander. Hochzeit? Hölle und Pest! O Entsetzen! O Greuel! Eine ungeheure, schnaufende Schlange!

Priester. Hüte dich, die Jungfrau abschreckend und greulich zu nennen; sie wurde vom Herrn, deinem Vater gezeugt.

Alexander. Was soll das alles bedeuten, unmenschlicher Verräter? Mache die Tür wieder auf; führe mich zurück! Sollen meine Siege im Rachen eines scheußlichen Reptils ihr Ende nehmen?

Priester. Pflegen die Könige von Mazedonien ihren Schwestern solche Namen zu geben?

Alexander. Laß mich hinaus, sage ich!

Priester. Unbeständiger Mann! Mir scheint, du hast noch nicht einmal die Ehe geschlossen. Zweifelst du an ihrer Würdigkeit? Prüfe sie, prüfe sie! Wir haben sichere Zeichen und Beweise, daß die gewaltige Jungfrau, deine ältere Schwester, von Jupiter gezeugt ward. Ihre Mutter hat ihre Schande und Bestürzung in der Wüste verborgen. Dort wandert sie noch immer umher und sieht unheilvollen Auges auf jedes Geschöpf, das die Gestalt eines Menschen hat. Die Ärmste, Niedrigste, Verworfenste ihres Geschlechts kann den Kopf nicht tiefer tragen als sie.

Alexander. Betrüger!

Priester. Läßt dich der Zug deines Herzens nicht fühlen, daß diese einsame Königin vom selben Blute ist wie du?

Alexander. Welche Unbesonnenheit! Welche Frechheit! Welche Hinterlist!

Priester. Unbesonnenheit! Warum, Alexander? Hat doch der Mensch einen Anspruch darauf, seinem Schöpfer so nahe wie möglich verwandt zu sein, wenn er ihm nur gehorsam ist; und gehorsam wirst du ihm sein, davon bin ich überzeugt. Du wirst die zarten Bande schließen. Frechheit und Hinterlist wirfst du mir vor; wie unverdient! Habe ich doch nur den Seitenzweigen des Stammbaumes nachgespürt, auf den du mich aufmerksam gemacht hast.

Alexander. Schiebe den Riegel zurück! Laß mich hinaus! Geh mir aus dem Wege! Deine Hand auf meiner Schulter? Hätte ich mein Schwert an der Seite, so sollte dieses Ungeheuer dein Blut lecken.

Priester. Geduld, o König! Ich halte den Riegel in der Hand; wenn sich die eiserne Tür in den Angeln dreht, so ist es um deine Gottheit geschehen. Nein, Alexander, nein! So darf es nicht kommen.

Alexander. Führe mich hinaus! Ich schwöre, daß ich schweigen werde.

Priester. Wie du willst.

Alexander. Ich schwöre dir Freundschaft zu; laß mich nur wieder hinaus!

Priester. So komm; obwohl es mir sehr am Herzen liegt, die beiden Kinder meines göttlichen Herrn glücklich zu sehen –

Alexander. Laß ab, mich zu quälen; im Namen Jupiters!

Priester. Es wird mir schwer, es aufzugeben. Der Stifter einer solchen Ehe zu sein – welche Seligkeit! welcher Ruhm! Bedenke es noch einmal. Mit dir können sich viele messen an Größe und Kraft; aber laß mich nach Jahresfrist den Mann sehen, der sich mit deinem Kinde mißt, wenn du willigen Herzens und mit gewünschtem Erfolg diese Tochter der Gottheit umarmst.

Alexander. Genug, mein Freund. Ich habe es nicht anders verdient; aber wir müssen die Menschen betrügen, sonst werden sie uns entweder hassen oder verachten.

Priester. Jetzt redest du vernünftig. Ich spreche hiermit deine Ehescheidung aus, und nicht genug, du sollst der Sohn des Ammon in Lybien, des Mithras in Persien, des Philipp in Mazedonien, des Olympischen Jupiter in Griechenland heißen; aber versuche in Zukunft niemals wieder, Priestern neue Lehren beizubringen.

Alexander. Wie würde mein Vater Philipp beim Becher über eine solche Geschichte wie diese gelacht haben!

Priester. Laß dir das einen Beweis deiner Torheit sein, Alexander!

Alexander. Wenn schon meine Torheit so groß ist, wie mag die anderer Menschen sein? Du wirst meine Abkunft von Jupiter anerkennen und verkünden?

Priester. Ja, ja.

Alexander. Die Menschheit muß daran glauben.

Priester. Ein einziger Zweifel wird wohl den Klügeren kommen. Wie konnte Jupiter, der so steinalt geworden ist und seine Erdenfahrten so lange Jahre unterlassen hat, unserer unwürdigen Welt einen so lebensvollen Sohn schenken? Folge mir und opfere!

Alexander. Ich sehe, Priester, daß du ein beherzter Mann bist. Laß uns in Zukunft Vertraute sein! Nimm mein Vertrauen mit diesem Handschlag: schenke mir das deine! Gib mir einen ersten Beweis davon und gestehe mir, ob du niemals vor diesem unbändigen, gierigen Ungeheuer, dieser verfluchten Schlange, Grausen empfunden hast.

Priester. Wir haben sie jung gefangen und mit Ziegenmilch aufgefüttert, wie unser Jupiter in den Höhlen von Kreta aufgezogen wurde.

Alexander. Euer Jupiter! Das war ein anderer.

Priester. So behaupten manche; aber ein und dieselbe Wiege dient einer ganzen Familie – ein und dieselbe Geschichte mag allen Jupitern dienen. Das junge Geschöpf im Schatzgewölbe aber, Alexander, mein Sohn, fürchten wir nicht mehr, wie die ägyptischen Priester Seine Heiligkeit das göttliche Krokodil fürchten. Die Götter und ihre Erzieher fügen sich der Hand, die sie füttert.

Alexander. So wagst du zu sprechen!

Priester. Von falschen Göttern; nicht vom wahren Gott.

Alexander. Gott! Gibt es nicht viele! Dutzende? Hunderte?

Priester. In unserer Nachbarschaft nicht; Ammon sei gepriesen. Offen gesagt, es gibt nirgends einen anderen, der auch nur eine

Heuschrecke oder eine vorjährige Dattel wert ist, von wem und wo er auch erzeugt sein mag, sei es auf Wolken oder in Wiesengründen, auf Federbetten oder auf einem Scheunenboden. Das sind unsere Geheimnisse, wenn du sie durchaus wissen willst; die Geheimnisse anderer Priesterschaften gleichen ihnen durchaus. Alexander, mein Junge, stehe nicht grübelnd da mit hängendem Kopf und verschränkten Armen! Hoch, Jupiter, der Bock!

Alexander. Ehre sei Jupiter, dem Bock!

Priester. Warum brichst du so plötzlich ab mit deiner Lobpreisung auf Vater Jupiter? Bist du unzufrieden, Alexander, mein Sohn? Was fehlt dir? Warum fährst du dir mit der Hand über die Augen?

Alexander. Es flog mir ein wenig Staub hinein, als die Tür sich öffnete.

Priester. Das Sandmeer der Wüste und die Könige von Mazedonien sind aus solchem Staube gemacht.

Oliver Cromwell und Walter Noble

Cromwell. Was hat dich von Staffordshire hierher zurückgetrieben, Freund Walter?

Noble. Ich hoffe Euch davon zu überzeugen, General Cromwell, daß ganz Europa Karls Tod als eine höchst abscheuliche Tat ansehen wird.

Cromwell. Du hast mich schon davon überzeugt; was weiter?

Noble. Dann werdet Ihr seinen Tod natürlich verhindern, denn Eure Macht ist groß. Selbst die, welche ihn ihrem Gewissen nach schuldig befanden, möchten ihm die Todesstrafe erlassen, die einen aus Politik, die anderen aus Barmherzigkeit. Ich habe mit Hutchinson, mit Budlow, Eurem und meinem Freund, mit Henry Nevile und Walter Long gesprochen; Ihr werdet Euch diese ausgezeichneten Freunde verpflichten und die Stimmen der treuesten und zuverlässigsten Männer unserer Zeit zu Euren Gunsten vereinen. Von vielen anderen, mit denen ich nicht im Verkehr stehe, weiß man, daß sie dieselben Gefühle hegen. Auch sie gehören zu den Gutsbesitzern, denen unser Parlament einen guten Teil seines Rufes verdankt.

Cromwell. Ihr Herren vom Lande bringt in das Unterhaus eine Lebendigkeit und einen Erdgeruch, an denen es unseren Städtern mächtig gebricht. Ich möchte mir gern Eure Achtung verdienen und mich um die fettleibigen Burschen aus den Kaufläden nicht kümmern, deren eines Ohr herunterhängt, weil sie die Feder dahinter stecken haben, und deren anderes Ohr ein Erbstück aus den Zeiten der Sternkammer ist, wo sie gespitzelt haben. Oh, es sind stolze, blutige Männer. Mein Herz schmilzt, aber, ach! meine Macht ist nichtig; ich bin der Diener der Republik. Ich will sie nicht verraten; ich wage es nicht. Wenn Karl Stuart in dem Brief, den wir aus seinem Sattel heraustrennten, nur mir mit dem Tod gedroht hätte, so würde ich ihn männlich zur Rede gezogen und außer Randes geschickt haben; aber es sind noch andere betroffen; er hat Männer umbringen wollen, die kostbarer sind als ich, der ich von Fasten, Beten und langen Diensten erschöpft bin und von schleichender Krankheit verzehrt werde. Der Herr hat den Stuart in die Schlingen fallen lassen, die er den Unschuldigen gelegt hatte. Törichter Mann! Er konnte es nie lassen, auf schlechten Rat zu hören.

Noble. Mit Euch verglichen, ist er eine Zinne neben einem Strebepfeiler. Ich bin nicht blind gegen seine Schwächen und kann seine Verbrechen nicht übersehen; aber die Tat, welche Ihr am strengsten beurteilt, war vielleicht nicht sein schwerstes Vergehen, wenn sie auch für beide Parteien die verhängnisvollsten Folgen hatte – ich meine, daß er gegen sein Volk die Waffen erhob. Er glaubte, für sein ererbtes Eigentum zu kämpfen; wir tun dasselbe: Würde man uns hängen, wenn wir einen Prozeß verlören?

Cromwell. Du sprichst schlau und dumm, Walter, du, ein Mann von so ruhigem Urteil. Wenn ein Schurke mir die Pistole auf die Brust setzt, frage ich dann danach, wer er ist? Kümmere ich mich darum, ob er ein Wams aus Katzen- oder Hundefell trägt? Pfui über so gottlose Haarspaltereien! Wunderbar, was der Teufel über die Seelen guter Männer vermag! Freund! Freund¦! Hast du dein Gedächtnis verloren? Am dritten Juni des Jahres 1628 stand eine Wache an der Tür des Unterhauses, um den Mitgliedern den Ausweg zu versperren. Denen, die das Haus verließen, drohte Gefangenschaft im Tower. Am fünften desselben Monats verkündete der Sprecher, er habe den Befehl vom König bekommen, jeden zu unterbrechen, der ein Wort gegen seine Minister zu sagen wage. Im Jahr darauf hätten wir ihn gerechtermaßen wegen Fälschung hängen können; denn am einundzwanzigsten Januar befahl er seinem Drucker Norton, den Text seiner eigenen Erklärung zu fälschen, in welcher er unsere Rechte anerkannte; eine Erklärung, für die er anständig bezahlt worden war. Ich fürchte sehr, daß der Januar vom Finger des Allmächtigen gekennzeichnet ist als der Monat, in dem schwere Züchtigung diese Missetat treffen soll. Wir müssen auf unsere Wege achten und dürfen uns niemals wieder verlocken lassen, den Falschen und Verworfenen zu trauen. Wir könnten von dem Verräter billigerweise noch mehr fordern als sein wertloses, verderbliches lieben. Wir könnten ihm vergelten, was Eliot und andere höchst unschuldige und tugendhafte Männer gelitten haben; verpestetes Gefängnis, schleichende, schmerzvolle, unheilbare Krankheit, Fesseln und Daumenschrauben, Folterbank und Verstümmelungen. Warum soll der Unschuldige solches leiden und der Schuldige nicht? – Warum der Verteidiger seines Hauses und Eigentums, und der Räuber nicht, der in dieses Haus einbrach? Wenn durch das Auslöschen eines Funkens der Brand von zwanzig Städten verhütet werden kann oder die Ausbreitung von Untugenden, die seit undenklichen Zeiten als schädlich bekannt sind, wie Verweichlichung und sklavische Unterwürfigkeit, so würde ich niemals den beim Kragen nehmen, der entschlossen seinen Fuß darauf setzt. Was hat es zu bedeuten, ob ein Staubkorn am Morgen, am Mittag oder gegen Abend weggeblasen wird? Von sehr ernster Bedeutung aber ist es, wenn es einem Volk in die Augen geblasen wird und ihm den Blick verdunkelt. Das ist der Unterschied zwischen dem, der in der Einsamkeit seines Zimmers stirbt, und dem, welcher nach Gottes Ratschluß zwischen Hellebarden das Schaffott besteigt.

Noble. Laßt mich hoffen, daß unser unglücklicher König vor so grausamer Strafe bewahrt bleibe. Er war seinen Freunden immer gefährlicher als seinen Feinden, und jetzt brauchen ihn beide nicht mehr zu fürchten.

Cromwell. Gott verhüte, daß sich Engländer vor Engländern fürchten! Aber vor dem Schwächsten in Schrecken leben, vor dem Schlechtesten sich beugen – ich sage dir, Walter Noble, wenn Moses und die Propheten eine solche Niederträchtigkeit von mir forderten, ich würde mich von ihnen wenden und mein Pferd besteigen.

Noble. Ich wünschte, daß unsere Geschichte, deren Buch schon allzu stark mit Blut besudelt ist, uns ein paar unbefleckte Seiten verdanken könnte.

Cromwell. Das wäre freilich besser, viel besser. Ich werde niemand Gelegenheit geben, mich einen willkürlichen Blutvergießer zu nennen, das gelobe ich dir. Denke daran, mein guter, kluger Freund, aus welchem Stoffe unsere Sektierer gemacht sind. Welche Feindseligkeit gegen alle Größe, welcher Groll gegen allen Ruhm! Nicht nur königliche Macht, jegliche Macht beleidigt sie. »Dem Schwert überliefern«, das sind Worte, die sie so ruhig und milde aussprechen, als handle es sich um die gebräuchlichste Sache von der Welt. Die Buben machen von ihren Stühlen und Bänken aus sogar geharnischten Männern Vorschriften, die zerschlagen und blutig vor ihnen stehen, und wie Schullehrerinnen mit der Rute in der Faust geben sie denen Ratschläge, die sie vor dem Galgen beschützen. Bei Gott, ich muß gehörig auf diese prasselnden, kecken Feuerbrände spucken, um sie fügsam zu machen.

Noble. Ich beklage ihre Verblendung; aber Torheiten erschöpfen sich um so schneller, je toller sie betrieben werden. Diese gärende Säure wird alsbald schal werden, und das Volk wird sie von sich stoßen. Ich bin nicht überrascht, daß Ihr unwillig und verstimmt seid über die, welche sich Eurer höheren Natur widersetzen. Aber laßt mit Euch reden, Cromwell; überseht sie, verachtet sie und bedeckt Euren Namen mit Ruhm durch die Gnade, die Ihr einem tödlichen Feinde erweist!

Cromwell. Meinen Namen will ich mit Ruhm bedecken, so Gott mir seinen Segen gibt, und alle unsere Mitstreiter sollen sich daran erfreuen; aber ich sehe den Schlag, der ihnen droht, besser als sie, und mein Arm kann ihn besser abwehren als der ihre. Noble, dein Herz ist voll von Mitleid für Karl Stuart. Wäre er morgen frei dank deiner Fürsprache, so würde er einen Tag später dein Todesurteil unterschreiben, weil du der Republik gedient hast. Ein Geschlecht von Nattern! Keine Spur von Aufrichtigkeit oder Dankbarkeit ist in ihnen; kein Tropfen schottischen Blutes fließt in ihren Adern. Die Strickleiter, auf welcher die Liebhaber ins Schlafzimmer steigen, hängt noch am Fenster, und ich vermute, daß mancher italienische Musikant und mancher französische Kammerdiener die Linie gekreuzt hat.

Noble. Das mag sein; überhaupt ist es kaum glaublich, daß irgendeine königliche oder höfische Familie sich drei Generationen hindurch von Eindringlingen rein gehalten hat. Seht Frankreich an! Ein wackerer Pariser Heiliger hat dort das letzte Wunder vollbracht.

Cromwell. Jetzt redest du ernst und vernünftig; so könnte ich dir stundenlang zuhören.

Noble. Hört mich mit gleicher Geduld bei wichtigeren Dingen an, Cromwell! Wir haben jeder unsere Leiden zu tragen; warum eines anderen leiden mutwillig vergrößern? Sei das Blut nun schottisch oder englisch, französisch oder italienisch, komme es von einem Trommler oder einem Possenreißer, es trägt eine Seele auf seinem Strom; und jede Seele muß an vielen Stellen anlegen und viele Geschäfte erledigen, ehe sie ihren letzten Bestimmungsort erreicht. Nehmt Karl seine Macht; löscht nicht seine Tugenden aus! Was um irgendeines Grundes willen liebenswert ist, ist auch wert, daß man es erhält. Ein weiser, gelassener Gesetzgeber, wenn ein solcher unter den Menschen auferstehen sollte, würde einen Mann, welcher der Gesellschaft mehr Nutzen als Schaden erwiesen hat und ihr in Zukunft noch nützen kann, niemals zum Tode verdammen. Unseren Gesetzgebern liegen Block und Galgen immer am nächsten; mit Tugenden und Hoffnungen haben sie es nie zu tun. Die Rechtsprechung auf Erden hat die eine Hälfte ihrer Lektion vergessen, und die andere Hälfte sagt sie schlecht auf. Gott befahl ihr, zu strafen und zu belohnen. Sie wird dir erklären, daß Strafe der Lohn der Gottlosen sei; die Belohnung der Guten aber stehe dem zu, der seine Freuden in einer anderen Welt austeilt. Justitia ist weder blind, wie manche sie darstellen, noch hellsichtig; sie ist einäugig und schaut mit ihrem einen Auge vernarrt und unverwandt auf Stricke und Äxte. Die besten Handlungen werden niemals belohnt, die schlechtesten selten bestraft. Der tugendhafte Mann geht an uns vorüber, und wir haben keinen Gruß für ihn; dem Missetäter stehen alle Wege offen, wenn er nur unseren Leidenschaften und ihrem Spielzeug nicht zu nahe tritt. Laß uns, Cromwell, in Gottes Namen die Gesetze wieder zu dem machen, wozu sie bestimmt waren, so daß es allen zum besten dient, sie zu lieben und heilig zu halten! So, wie sie jetzt beschaffen sind in Form und Inhalt, sind sie der größte Fluch, der auf der menschlichen Gesellschaft lastet, der Spott der Bösen, das Leid der Guten, die Zuflucht der Gewalttätigen und das Verderben derer, die sie um Recht anrufen.

Cromwell. Ich merke, daß du Gerichtssporteln bezahlt hast, Walter.

Noble. Dann würde ich bezahlt haben, was nicht nur ungeheuerlich, sondern durchaus ungebührlich ist. Wenn wir einen Richter in irgendeinem Gerichtshof bezahlen, so bezahlen wir zum zweitenmal, was wir schon längst zuvor bezahlten. Wenn die Regierung versäumt hat, uns unsere Pflichten zu lehren, unser lieben und Eigentum, unsere Stellung in der Gesellschaft zu schützen, welches Recht hat sie dann, auch nur einen Heller von uns zu fordern? Wofür haben unsere Väter und wir selbst Steuern bezahlt? Wozu werden Obrigkeiten aller Art ernannt? Ordnung hat eine Ehrwürdigkeit an sich, die selbst die Wildesten bändigt, Unordnung verbreitet einen Schrecken, der sie zur Auflehnung und Flucht treibt. So steht es auch mit den Gesetzen. Wir sollten uns bedenken, ehe wir ihn strafen. Das Königtum ist ein Beruf, der wenig außerordentliche und sehr viel verächtliche Vertreter des Menschengeschlechtes hervorgebracht hat. Bei der Erziehung und Behandlung, die sie heutzutage genießen, kann man einen Fürsten nur höchstlich loben, der es an sittlicher Tüchtigkeit seinem niedrigsten Untertanen gleich tut; so mannigfaltig und groß sind die Versuchungen, denen sie unterworfen sind.

Was den besonderen Fall des Stuart anbetrifft, so ist es meine Meinung, daß weder Politik noch Moral Euch berechtigen, ihn peinlich zu bestrafen. Die Vertreter des Volkes sollten die Erziehung ihrer Fürsten beaufsichtigen; haben sie es versäumt, so mögen sie selbst die Verantwortung für den Übelstand tragen, der daraus entsteht. Da Könige die Verwalter des Volkseigentums sind, so müssen sie ihre ganze Haushaltung der Aufsicht des Volkes unterwerfen; diesen Grundsätzen gemäß sollten die Erzieher ihrer Kinder vom Parlament ernannt werden, und die Schüler sollten bis zu ihrer Mündigkeit zweimal jährlich in Gegenwart von wenigstens sieben Männern, die durch geheime Wahl aus den Mitgliedern des Unterhauses hervorgegangen sind, geprüft werden, um von ihren Kenntnissen und vom Gang ihrer Studien Rechenschaft abzulegen. Da nichts der Art geschehen ist und dieser unglückliche König durch falsche Erziehung zu verkehrten Grundsätzen gekommen und durch schlechte Ratgeber darin bestärkt worden ist, würde ich es jetzt sowohl aus Großmut als aus Gerechtigkeit mit Milde versuchen. Schlägt der Versuch fehl, so werden sich seine Anhänger von ihm wenden; denn seine Treulosigkeit wird sie verstören, und sie werden fürchten, für ihre Dienste gleichen Undank zu ernten.

Cromwell. Mag seine Erziehung gewesen sein, wie sie will, glaubst du, er sei nicht weise genug, um sich bei seinem Entschlusse, ohne Parlament zu regieren, über seine Schlechtigkeit, Unrechtmäßigkeit und Willkür klar gewesen zu sein? Glaubst du, er wußte nicht, was er tat, als er Abgaben erhob, Gewissenszwang übte und nach eigenem Ermessen und Gefallen gefangen setzte und tötete? War ihm nicht kurz vor einer seiner schreiendsten Gewalttätigkeiten Geld von uns bewilligt worden unter Bedingungen, die er nicht hielt? Er hat sich gewaltsam angeeignet, was dem Volke gehörte; er hat uns als Aufrührer verfolgt, als wir gegen diesen Betrug und

Diebstahl Einspruch erhoben. Wenn aber der König selbst gegen oder ohne die Gesetze handelt, so kann es nur einen Aufrührer im Königreich geben. Er mag Mitschuldige haben, die können wir milde behandeln, so sie unsere Milde nicht übel vergelten und die niederwerfen, welche ihnen aufgeholfen haben. Wenn der Hirsch einer solchen Herde nicht zu bändigen ist und sich seinen Wärtern hartnäckig widersetzt, so bleibt nichts anderes übrig, als ihm die Flechsen zu durchschneiden und ihn über den Zaun zu werfen, sobald man ihn erwischt. Was! Ihm das Fell streicheln! Ihm den Nacken liebkosen, sein Geweih bekränzen, ihm die Schalmei blasen, freundlich sein, milde sein! Walter, Walter! Über Theoretiker lacht man.

Noble. Über Theoretiker sind viele nur allzu bereit zu lachen, denn es gibt deren viele, die aus eingefressenen und weiter fressenden Mißbräuchen Vorteil ziehen oder Vorteil zu ziehen hoffen. Theorien, die aufs Böse zielen, werden Tatsachen, weil man sie annimmt. Solche, die aufs Gute zielen, bleiben ewig Theorien, und der, welcher sie hervorgebracht hat, ist ein phantastischer Narr. Unter den Ansichten, die man so bezeichnet, ist mir nie ein grausamer oder ungerechter Gedanke begegnet; wie mag das zugehen?

Cromwell. Alle Dinge sollten im rechten Verhältnis zueinander stehen. Herrscher werden höher bezahlt als andere Beamte, sie sollten darum strenger bestraft werden, wenn sie ihr Amt mißbrauchen, auch wenn die Folgen dieses Mißbrauchs nicht verhängnisvoller oder einschneidender sind, als der Mißbrauch anderer Ämter. Wir können sie nicht gut an den Pranger stellen; wir können sie nicht auf öffentlichem Markte peitschen lassen. Wo eine Krone ist, da muß eine Axt sein; ich würde die Axt nur gekrönten Häuptern vorbehalten.

Noble. Schneidet das Verdorbene ab, drückt das Giftige heraus, erhaltet, was übrigbleibt; laßt es Euch genügen, dieses denkwürdige Beispiel nationaler Macht und Gerechtigkeit gegeben zu haben.

Cromwell. Gerechtigkeit ist vollkommen; sie ist ein Attribut Gottes; wir dürfen nicht mit ihr spaßen.

Noble. Sollen wir unseren Mitmenschen weniger Barmherzigkeit erweisen als unseren Haustieren? Ehe wir sie dem Tode ausliefern, überlegen wir uns, was schwerer wiegt, ihre Dienste oder die Unbequemlichkeiten, die sie uns bereiten. Laßt uns auf den Grundmauern der Politik, wenn wir keine besseren haben, die Siegeszeichen der Menschlichkeit aufrichten; laßt uns bedenken, daß wir selbst mit solcher Erziehung und in solcher Stellung vielleicht ebenso tadelnswert, gehandelt hätten! Schafft Einrichtungen für immer aus der Welt, die ewig Mißbrauch erzeugen werden, und schreibt die Fehler des Mannes dem Amte zu und nicht die Fehler des Amtes dem Manne!

Cromwell. Ich habe kein Mitleid mit Heuchelei, und ich hasse und verabscheue das Königtum.

Noble. Ich hasse und verabscheue das Henkertum; aber auf gewissen Stufen der staatlichen Entwicklung sind Könige und Henker unentbehrlich. Kündige beiden den Dienst; wir brauchen sie beide nicht mehr.

Cromwell. Menschen werden gleich den Nägeln nutzlos, wenn sie ihre Richtung verlieren und sich krümmen; krumme Nägel aber wirft man in den Staub oder in den Ofen. Ich muß meine Pflicht tun, muß vollbringen, was mir auferlegt ist, und darf nicht aus der Richtung kommen. Ich bin nicht willens, mich in den Staub oder in den Ofen werfen zu lassen; aber Gottes Wille geschehe! Ich merke, Walter, daß du dich dem Lesen philosophischer Bücher ergeben hast; hörtest du je etwas von Digbys sympathetischen Heilmitteln?

Noble. Ja, früher.

Cromwell. Nun gut, ich bin der Überzeugung, daß etwas an ihnen ist. Um von meinen Kopfschmerzen zu genesen, muß ich eine Ader an Karls Halse öffnen.

Nobel. Oliver, Oliver! Andere werden witzig beim Weine, du beim Blut, kaltherziger, grausamer Mann.

Cromwell. Was, Walter, hältst du mich wirklich für grausam? Vielleicht hast du im wesentlichen recht; aber das weiß nur er allein, der mich im Schoß meiner Mutter formte und der tiefer in das Wesen der Dinge schaut als wir.

Ludwig XIV. und Pater la Chaise

Ludwig. Pater, da ist eine Sache, die ich nie gebeichtet habe; manchmal schien sie mir beinahe unbedeutend, manchmal sah ich sie in ihrem wahren Lichte. In meinen Kriegen gegen die Holländer beging ich eine Handlung –

La Chaise. Sire, denen, die ihrem Beichtiger ihre Sünden bekennen, leiht der Herr allzeit sein Ohr. Im Kriege werden Grausamkeiten und mancherlei schlechte Taten verübt, an die wir daheim in unseren Häusern in Paris nur mit Schauder denken sollten.

Ludwig. Die Leute, die damals in ihren Häusern saßen, haben geschaudert, die armen Teufel! Es war ein lächerlicher Anblick, die plumpen Gestalten springen zu sehen, wenn die Bomben in die Dörfer schlugen, deren tiefer gelegene Gehöfte unter Wasser standen; Kinder guckten zwischen Lämmern und Kälbern zum Fenster heraus, und der alte Hofhund, der über die ihm drohende Gefahr klarer sah, versuchte krampfhaft, sich von der Kette loszureißen. Wenn Kanonen und andere Kriegswerkzeuge schwiegen, dann hörte man manchmal lautes Schreien; denn Fieber rasten in den feuchten Hütten, und Weiber verfluchten ihre Ehemänner, mit denen sie lange Jahre in Liebe und Einigkeit gelebt hatten, weil der Vater auf der Notwendigkeit bestand, das tote Kind in die Wasserfluten zu werfen. Unsere jungen Soldaten nahmen solche Gelegenheiten wahr, um ihre Fertigkeit zu zeigen, und wählten sich ihr Ziel; denn die ganze Familie war am Fenster versammelt, um an der Leiche Gebete zu lesen, und einige sangen mit fester, andere mit zitternder Stimme ihr Amen dazu. Durch so schreckliches Gericht strafte Gott ihre Ketzerei.

La Chaise. Der Herr der Heerscharen ist gnädig; er beschützte Eure Majestät inmitten dieser Greuel.

Ludwig. Er stärkte mich, er hielt mich bei guter Laune und verschaffte mir jeden Tag irgendeine neue Belustigung in dem Land dieses widerspenstigen und gotteslästerlichen Volkes, das regelmäßig eine Viertelstunde vor zwölf Uhr seine Psalmen sang, weil es wußte, daß wir um diese Zeit die Messe lasen.

La Chaise. Ich kann in solchen Fällen einen gewissen Grad der Strenge nicht tadeln. Für viel geringere Vergehen wurden Völker mit der Schärfe des Schwerts geschlagen, wie wir im Alten Testament lasen.

Ludwig. Ich habe versucht, die Stelle zu finden, aber mein Testament war kein altes; es wurde zu meiner Zeit im Louvre gedruckt. Was aber die Schärfe des Schwerts angeht, so war es nicht immer bequem, sie anzuwenden; es sind derbe Gesellen; doch unsere Überzahl machte es uns möglich, sie auszuhungern, und wir hatten auch mehr Artillerie und bessere Kanonen. Dann habe ich noch im besonderen an einigen ihrer vornehmen Familien und an den gelehrtesten ihrer Professoren Rache genommen; hatten sie einen liederlichen Sohn, der, wie es mit liederlichen Söhnen zu gehen pflegt, der Liebling des Hauses war, so bestach ich ihn, machte ihn betrunken und bekehrte ihn. Das brach dann gelegentlich eines Vaters Herz – Gottes Strafe für die Verstocktheit!

La Chaise. Ohne die ganz besondere Gnade des heiligen Geistes sind solche Bekehrungen nur vorübergehender Art. Es ist erforderlich, sich der Seele, solange wie wir sie in Händen haben, mit einem kleinen Aufwand an liebevoller Güte zu versichern. Ich würde die armen verirrten Schafe stracks ihrem Schöpfer überliefern, damit er mich nicht dereinst wegen ihres Rückfalls in den Unglauben zur Rechenschaft ziehe. Ketzerei ist ein Aussatz; je weißer er ist, desto schlimmer ist er. Die, welche am unschuldigsten und frömmsten scheinen, sind in Wahrheit die Menschen, welche den größten Schaden tun und sich die größten Freiheiten erlauben. Sie behandeln Gott den Allmächtigen kaum wie einen Herrn von Geblüt, mißgönnen ihm ein reines Tuch auf seinem Tisch und wenden weniger für ihn auf als für einen Weihnachtsschmaus.

Ludwig. O Pater la Chaise! Ihr blickt in mein Herz; Ihr habt meine versteckten Sünden ans Licht gezogen. Nichts bleibt Eurem Scharfsinn verborgen. Ich stehe da, wie ein Verbrecher in Ketten.

La Chaise. Beichtet, Sire, beichtet! Ich will Öl auf die Wunden Eures Herzens gießen und Sorge tragen, daß der Rache des Himmels durch Eure Sühne Genüge getan wird.

Ludwig. Man brachte mir die Kunde, daß der Koch des englischen Generals ein köstliches Festmahl zubereitet habe zur Feier einer Begebenheit, wie sie dieses unverschämte, ruhmredige Volk einen Erfolg zu nennen pflegt. »Es wird sich deshalb zeigen, wer Erfolg hat«, rief ich, »Gott ist mit Frankreich.« Die ganze Armee jubelte, und wahrlich, ich glaube, sie wäre in jenem Augenblick fähig gewesen, die ganze Welt zu erobern. Ich aber versagte es mir, von dieser Bereitschaft Gebrauch zu machen; meine Ziele liegen in meiner eigenen Brust. Pater, ich habe nie in meinem lieben ein solches Freudengeschrei gehört; ich mußte an Cherubime, Seraphime und Erzengel denken. Die Infanterie jauchzte vor Begeisterung; die Pferde wieherten vor Übermut und sprangen nach rechts und nach links. Bärenmützen, Leopardenfelle, Genueser Sammet, Mechelner Krausen, Brüsseler Bänder, Federn und Fransen und goldene Tressen, alles wirbelte in der Luft. Scharren und Schnaufen, Drohungen und Flüche mischten sich mit abgerissenen Liederzeilen. Ich war Heinrich und Cäsar, Alexander und David, Karl der Große und Agamemnon. Ein Wort von mir, und sie wären durch den Kanal geschwommen, um den Tyrannen des stolzen Albion in Ketten zu legen. Meine ganze Klugheit mußte ich aufbieten, um ihren glühenden Eifer zu beschwichtigen.

Meine Späher hatten einen Brief aufgefangen; er war von der Frau des englischen Generals an ihren Gatten gerichtet. Sie schrieb aus Gorcum und benachrichtigte ihn, sie werde ihm am nächsten Tage für das Festessen zur Feier seines Sieges eine köstliche Fleischpastete senden. »Mensch gewordener Teufel!« rief ich, als ich die Botschaft gelesen hatte, »ich werde deine Bosheit vereiteln.« Ich war in solcher Wut, daß ich mich bis auf ein oder zwei Meilen den feindlichen Geschützen näherte, und ich würde mich noch eine halbe Meile weiter vorgewagt haben, wenn mein Rang es mir gestattet hätte und meine Wut von Dauer gewesen wäre. Ich setzte den Boten in Freiheit, behielt seinen Sohn, der ihn begleitete, als Geisel zurück und versprach, ihn auf der Stelle zum Ritter zu schlagen, wenn die Fleischpastete glücklich in unsere Hände geraten sollte. Die Vorsehung war unseren Waffen hold; aber unglücklicherweise waren unter meinen Stabsoffizieren einige, die unter Turenne gefochten hatten, und an denen, wie ich fürchte, etwas von der Ansteckung der Ketzerei hängen geblieben war. Sie überreichten mir kniend die Fleischpastete, und ich aß. Es war Freitag. Ich hatte nicht darauf geachtet, als ich zu essen anhub; aber als ich mich des Tages erinnerte, ließen mich der scharfe Wind, der Geruch der Pastete und eine Art Rachegefühl, das sich bei ihrem Anblick von neuem in mir regte, im Genusse fortfahren. Und was mich noch mehr belastet, ich hatte mir an demselben Morgen berichten lassen, aus was für Bestandteilen sie zubereitet war. Gott wandte sein Antlitz von mir und ließ seine Gnade nicht mehr über mir leuchten. Ich verlor eine Schlacht nach der anderen; niemand konnte es sich erklären; denn meine Generale waren tüchtiger als die des Feindes, meine Soldaten waren geübter, tapferer und in der Überzahl. Und, außerordentlich und schreckenerregend! Selbst die, welche geschworen hatten, sie wollten siegen oder sterben, kehrten dem Feinde wie feige, junge Hunde den Rücken und schrieen: »Die erste Pflicht des Soldaten ist, seinen König in Sicherheit zu bringen.« Ich hörte niemals so viel schöne Gefühle laut werden, niemals so wenig Lieder singen. Mein Magen war durch die Heimsuchung des Herrn verdorben. Ich nahm am Sonntag das heilige Abendmahl.

La Chaise. Das heilige Abendmahl auf einen fetten Freitag! Ich würde vorerst ein de profundis, ein miserere und ein eructavit cor meum empfohlen haben, zudem ein wenig Rhizinusöl, das in seiner Art beinahe ebenso wirksam ist wie das Rheimser Öl, wenn es von Gottgeweihten gereicht und von Gläubigen genommen wird. Diese Vergehen fordern Buße; Euer Majestät müssen fasten; Euer Majestät müssen Sackleinwand zunächst der Haut tragen und vor den Augen des Volkes Asche aufs Haupt streuen.

Ludwig. Pater, eine solche Demütigung kann ich nicht auf mich nehmen; das Volk muß mich fürchten. Was macht Ihr Euch da mit der Schere und den Pillen zu schaffen? Ich bin gesund; gebt sie Villeroy oder Richelieu.

La Chaise. Sire, ich bitte Euch, keine Gottlosigkeit, keine Leichtfertigkeit! Was Ihr eine Pille nennt, sind ein paar Körner Asche von Weihrauch, der niemals ganz rein verbrennt. Zerkrümelt sie in den Fingern und streut sie über Eure Perücke. Gut so! Nun nehmt dieses hier.

Ludwig. Traun! Ich habe keinen Schaden an Rumpf und Gliedern. Ein schwarzes Pflaster! Wozu soll mir das dienen?

La Chaise. Das ist Sackleinwand. Es ist der Sack, in dem die Frau von Maintenon ihr Strickzeug trug, bis die Nadeln ihn abgenutzt hatten.

Ludwig. Ich habe immer geglaubt, Sackleinwand sei –

La Chaise. Keine Deutungen der Heiligen Schrift! Sire, Ihr könnt Euch meiner Autorität überlassen. Tragt es auf dem Rücken oder auf der Brust.

Ludwig. Gott sei mir Sünder gnädig! Es ist mir in die Hosen gerutscht: Genügt das?

La Chaise. Hat es beim Herunterrutschen Euren Rücken oder Bauch, Eure Brust, Schultern oder Rippen berührt, oder irgendeinen Körperteil, welcher der Kasteiung bedarf und ohne Ärgernis kasteit werden kann?

Ludwig. Ich habe es zwischen die Hemdkrausen gesteckt.

La Chaise. So, daß es die Haut fühlbar berührt hat?

Ludwig. Es hat mich gekitzelt, weil es mir ein paar Härchen verschob.

La Chaise. Dann tröstet Euch; es ist vorgekommen, daß man Menschen zu Tode gekitzelt hat.

Ludwig. Aber erlaßt Ihr mir die Buße vor den Augen des Volkes, Pater?

La Chaise. Nein, das tue ich nicht. Tretet ans Fenster, Sohn des heiligen Ludwig.

Ludwig. Und soll ich da dieselben Zeremonien vollbringen? Nein, bei meinem Gewissen! Mein Almosenier –

La Chaise. Sie sind vollbracht.

Ludwig. Aber das Volk wird nie erfahren, was ich auf dem Kopf und in den Hosen habe.

La Chaise. Soweit ist die Sühne vollzogen. Morgen ist Freitag; ich muß noch eine strengere Buße verhängen. Nur sechs Gänge sollen auf die Tafel kommen; Wein und Likör sind zwar im Fasten nicht inbegriffen, aber ich befehle, daß nur drei Sorten Wein und nur drei Sorten Likör gereicht werden.

Ludwig. Ist bei den sechs Gängen die Suppe mitgezählt?

La Chaise. Suppe wird nicht als Gang serviert; aber ich verbiete, daß es mehr als drei Arten Suppe gibt.

Ludwig. Austern von Cancale?

La Chaise. Die kommen in Fäßchen; seht Euch vor, daß sie nicht angerichtet werden. Euer Majestät müssen sie entweder roh aus dem Fäßchen essen oder auf Muscheln serviert oder beides; aber ich wiederhole, hütet Euch, daß man sie Euch nicht anrichte; Eure Seele wird am Jüngsten Tage Rechenschaft dafür ablegen müssen. Es gibt auch solche, die sie ganz verbieten möchten. Ich habe beobachtet (natürlich bei anderen), daß sie seltsame Wirkungen hervorbringen, die man besser nicht heraufbeschwört, es sei denn, daß es Vorahnungen mystischer Dinge sind.

Ludwig. Ich bitte Euch, Pater, warum nennt man den schrecklichen Tag, den Ihr eben erwähntet, und von dem ich, wenn ich mich recht erinnere, auch bei anderen Gelegenheiten sprechen hörte, den Jüngsten Tag? Der letzte Tag des Erdenlebens ist doch vorüber, ehe er kommt, und der erste Tag des ewigen Lebens ist noch nicht angebrochen.

La Chaise. Die Kirche nennt ihn den Jüngsten Tag, weil sie nach diesem Tage nichts mehr für die Sünder tun kann. Ihre Heiligen, Märtyrer und Bekenner können jenen ganzen Tag bis zum Sonnenuntergang – manche behaupten, bis nach dem angelus – an den Schranken für sie bitten; dann werden die Bücher geschlossen, die Kerzen ausgelöscht, die Türen zugetan, und der Schlüssel wird umgedreht. Die Flammen des Fegefeuers versinken im Boden und würden nicht mehr die Kraft haben, ein ausgewachsenes, abgefallenes Cistusblatt zu dörren; es bleibt nichts als Himmel und Hölle, Lobgesänge und Wehklagen.

Ludwig. Erlaubt mir noch eine andere Frage von nicht geringerer Wichtigkeit; sie hängt mit meiner Buße zusammen. Der Bischof von Aix in der Provence hat mir dreißig schöne Wachteln geschickt.

La Chaise. Es gibt Naturforscher, welche behaupten, die Wachteln seien gleich Manna vom Himmel gefallen. Äußerlich haben sie die Gestalt von Vögeln, und ich habe sie auch als solche gegessen. Wenn indessen jemand durch gewichtige Autorität vom Gegenteil überzeugt worden ist oder die Neigung hat, aus eigenem Antrieb daran zu glauben, so ist es ein verzeihliches Vergehen, wenn er von dieser Speise genießt. Ich habe mich mit Tamburini über diesen wichtigen Punkt besprochen. Er unterscheidet zwischen Wachteln, die im Feld erbeutet oder, wenn sie sich niederlassen, aus der Luft geschossen werden, und zahmen Wachteln, die man in Käfigen und Gehegen zieht und die sich in der gewöhnlichen Art von einer Generation zur anderen fortpflanzen. Diese letzten würden in jenem Falle natürlich von anderer Beschaffenheit sein. Ich kann nicht annehmen, daß der Bischof von Aix sich Tiere hält, die so zu Zank und Ausgelassenheit neigen. Ich möchte eher glauben, daß diese Wachteln irgendwo in seiner Diözese vom Himmel gefallen sind, vielleicht als ein Zeichen göttlichen Wohlgefallens an einem so würdigen Glied der Kirche. Es ist sicherer, wenn Ihr sie erst nach Ablauf der zwölften Nachtstunde eßt; aber wenn jemand reinen und demütigen Herzens ist, so sehe ich nicht ein, warum er sich vor ihrem Genusse fürchten soll.

Anmerkung des Verfassers:

Die Erfindung mit den Wachteln wird nur denen übertrieben erscheinen, die nicht wissen, daß solche Fragen unter Kasuisten eine große Rolle spielten. Die Karthäuser, denen tierische Nahrung verboten ist, worunter sie nur das Fleisch der Vierfüßler und Vögel verstehen, dürfen dem ungeachtet Fischottern und Möwen essen. Die Möwe ist den Katholiken sogar während der Fastenzeit erlaubt. Wir legen oft auf unsere geringsten Vergehen das größte Gewicht und fürchten unwesentliche Dinge mehr als wesentliche Dinge. Als Lord Tylney auf dem Sterbebette lag und zwei Tage lang nicht rasiert worden war, brach er plötzlich in Tränen aus und rief seinem Diener zu: »Schämst du dich nicht, mich so im Stich zu lassen? Willst du, daß ich solchergestalt vor meinen Schöpfer trete?« Er wurde rasiert und (wir wollen hoffen) zur Vorstellung zugelassen.

Pitt und Canning

Pitt. Lieber Canning, mit meiner Körperbeschaffenheit ist es traurig bestellt. Sie verfällt ebenso schnell wie nach der Meinung Ihres alten Freundes Sheridan die Beschaffenheit des Landes unter meiner Verwaltung. Unter allen Lebenden sind Sie der Mann, den ich am liebsten zu meinem Nachfolger bestimmen möchte. Solange ich noch im Zweifel bin, ob mir das gelingen wird, läßt mir mein Ehrgeiz keine Ruhe: Die Natur hat mir die Kraft versagt, mein Geschlecht fortzupflanzen. Viele würden sich darüber grämen; das tue ich nicht, denn es scheint, daß auf jeden großen Mann immer sehr bald, oft unmittelbar in der Nachkommenschaft, Dummköpfe folgen.

Canning. Ihre Wahl schmeichelt mir sehr, denn unter Ihren Verwandten sind viele, welche erwarten könnten, von Ihnen zum Nachfolger ausersehen zu werden. Das ist indessen nur ein neuer Beweis Ihrer großen Uneigennützigkeit.

Pitt. Wenn Sie wollen, können Sie es so beurteilen; aber Sie müssen bedenken, daß Menschen, die lange uneingeschränkte Macht ausgeübt haben, selten etwas auf Verwandtschaft geben. Die Mameluken schauen nicht nach Brüdern und Vettern aus; sie haben Lieblingssklaven, die in ihren Sattel springen, wenn er frei geworden ist.

Canning. Unter den reichen Familien und der alten Aristokratie des Königreichs –

Pitt. Halten Sie den Mund! Ich bitte Sie, halten Sie den Mund! Ich hasse die Art und habe sie immer gehaßt. Ich meine nicht die Reichen; sie haben mir gedient. Ich meine die alten Familien; sie haben mich verdunkelt. Indessen ist kaum eine unter ihnen, die ich nicht beschimpft und herabgewürdigt habe. Ich habe ihre Häuser mit dem Rauch aus den Hütten ihrer Knechte gefüllt, die ich über sie gesetzt habe, und ihre Augen sind rot davon geworden. Ich will, daß man meiner als des Gründers eines neuen Systems gedenke; ich wünsche mein Amt durch ein mündliches Testament zu vermachen, und ich wünsche, daß Sie und die, welche nach Ihnen kommen, dasselbe tun! Da Sie etwas voreiliger sind, als mir lieb ist, da Sie

Ihre Absichten manchmal durch Ihre Worte verraten und zuweilen, wenn Sie diese Worte ohne Grund und am falschen Orte fallen lassen, in dem Wunsch, vor ihnen davonzurennen, auf falsche Fährte geraten, so möchte ich Ihnen nahe legen, nie unvorbereitet zu sprechen. Ich habe die Gabe, aus dem Stegreif sprechen zu können; glauben Sie aber darum nicht, daß Sie über dieselbe Gabe verfügen. Niemand hat sie je in solchem Grade besessen wie ich, ausgenommen die beiden Fanatiker Wesley und Whitfield.

Canning. In demselben Grade gewiß nicht, aber viele doch bis zu einem gewissen Grade.

Pitt. Ein gewisser Grad genügt nicht.

Canning. Ich bitte um Entschuldigung; aber Herr Fox besaß sie in hohem Grade, und wenn auch seine Beredsamkeit nicht mit der Ihren zu vergleichen war, so genügte sie ihm doch für seine Zwecke.

Pitt. Fox sah, was jedem scharfsinnigen Manne möglich ist, die schwachen Punkte der Beweisführungen voraus, die man gegen ihn vorbrachte, und bereitete seine Antworten immer vor. Ich hatte keine Zeit dazu. Abgesehen von dem Namen, den mein Vater mir vererbt hat, verdanke ich alles der Leichtigkeit und Flüssigkeit meiner Rede; und obwohl mir alles mißglückt ist, was ich unternahm, und ich den Tonkoloß von Frankreich in eitel Gold ausgegossen habe, werde ich den Menschen doch nach meinem Tode als der außerordentlichste Mann meiner Zeit erscheinen.

Canning. Ist das der Grund Ihres Stöhnens? Oder wird der Schmerz in ihren Eingeweiden heftiger? Soll ich das Kissen von Ihrem andern Stuhl dort fortnehmen?

Pitt. Oh! Oh!

Canning. Ich beeile mich und will unterdessen jene zwei oder drei Beileidsbriefe entsiegeln.

Pitt. Oh! Oh! - nächst dem verfluchten Gesellen, der mich mit seinen zerbrochenen Waffen überwand und mich mit seiner Einfalt betörte –Bonaparte.

Canning. Beruhigen Sie sich! Beruhigen Sie sich.

Pitt. Die Gicht und der Gallenstein mögen über ihn kommen! Portwein und Cheltenham-Wasser! Ein österreichisches Eheweib, italienische Eifersucht, die Undankbarkeit seines Volkes und sein eigener Ehrgeiz mögen ihn nie zur Ruhe kommen lassen!

Canning. Amen! Lassen Sie uns beten!

Pitt. Bei meiner Seele, es bleibt uns nicht viel anderes übrig. Ich weiß kaum, wie wir uns drehen und wenden sollen.

Canning. Es ist freilich hart, wenn wir uns nicht drehen und wenden können. Aber trösten Sie sich! Je schlechter die Lage des Landes ist, desto dringender bedarf man unserer, desto größer wird unsere Macht sein, desto mehr Ämter werden wir bekleiden, desto mehr Stellen verteilen können.

Pitt. Das sind Gedanken eines Staatsmannes.

Canning. »Die, welche uns in Gefahr gestürzt haben, sind die einzigen, die uns aus der Gefahr retten können«, das ist zum Grundsatz des englischen Volkes geworden.

Pitt. Wenn sie je wieder zu Kräften kommen, so werden sie uns zermalmen.

Canning. Wir waren es, welche die Fracht über Bord warfen; und nun sie weniger Ballast haben, segeln sie mit dem Winde nach dem Wohlgefallen des Steuermannes.

Pitt. Noch vor kurzem hätte ich Sie zum Kanzler oder Präsidenten des Unterhauses gemacht, weil Sie das vorzügliche Lied vom Steuermann gedichtet und gesungen haben – denn vorzüglich erschien es mir damals. Jetzt kann ich das Wort nicht mehr hören, ohne seekrank zu werden, ebenso unfehlbar seekrank, als ich es auf einem Fischerboote im Kanal werden würde. Das Wort klingt wie Spott.

Canning. Wir haben den Sturm überstanden.

Pitt. Ich nicht. Ich habe nie an einen Zukunftsstaat geglaubt; aber ich habe etwas recht Verwünschtes aus dem gegenwärtigen gemacht, weder mir noch andern zur Freude. Wir haben nie in so großer innerer und äußerer Gefahr geschwebt. Die Geldverleiher sind zufrieden; sie müßten den Teufel im Leibe haben, wenn sie es nicht wären; aber wir haben jeden Privatmann in Großbritannien um das Vermögen seiner jüngeren Kinder gebracht.

Canning. Denken Sie nicht daran!

Pitt. Ich bin früher in ihren Häusern ein- und ausgegangen; ich habe Verwandte und Bekannte unter ihnen. Wenn Sie das hätten, würden Sie mit ihnen fühlen. Ausgenommen für Sie, fühle ich so wenig für andere, als nur menschenmöglich ist, und diese äußerste Gleichgültigkeit, dieses Zusammenfassen aller Kräfte, welche plumpe Leute Selbstsucht nennen, hat mit dazu beigetragen, daß ich geneigt bin, Sie zu meinem Nachfolger zu bestimmen. Sie sind sich klar, daß uns das Volk, wenn es wieder zur Besinnung kommen sollte, im Mistwagen zum Schafott fahren würde. Mich können sie nicht packen; ich werde nicht mehr unter den Lebenden sein.

Canning. Wir müssen die Möglichkeit verhindern; wir müssen fortfahren, es zu schwächen. Die Natter, die gebissen hat, entwischt; die Natter, die ruhig am Wege liegt, wird erschlagen.

Pitt. Was, Canning! Ich entdecke bei Ihnen mehr Vernunft und poetische Begabung, als ich bisher bei Ihnen gefunden habe. Wenn Sie so fortfahren, dann wird Ihr Ruhm als Dichter nicht bei »Steuermännern« und »Kieselsteinen« stille stehen, noch bei ein paar Satiren, die so unbedacht wie Disteln am Grabenrande blühen. Wenn Sie sich in zuviel Gedankenreichtum ergehen, so kann es sein, daß ich mich noch anders entschließe. Sie werden ein passender Nachfolger für mich sein; mehr als passend will ich Sie gar nicht haben.

Canning. Das brauchen Sie nicht zu fürchten; ich fühle in Ihrer Gegenwart meine große Minderwertigkeit.

Pitt. Das versteht sich.

Canning. Geruhen Sie, mir einige Vorschriften zu geben, die Ihnen, falls Ihre Krankheit fortdauern sollte, zu anderer Zeit vielleicht schwerer fallen würden. Denken Sie indessen nicht, daß Ihr Leben irgendwie in Gefahr sei, oder daß die oberste Gewalt je längere Zeit hintereinander in anderen Händen als den Ihren ruhen könne.

Pitt. Versuchen Sie nicht, mir mit der Aussicht auf längeres Leben zu schmeicheln, Canning. Die Ärzte des Leibes haben mir angedeutet, daß es Zeit sei, meine Aufmerksamkeit von den Geschäften Europas weg –, meinen eigenen Geschäften zuzuwenden, und die Seelenärzte fahren öfter an der Tür des Kanzlers vor als an der meinen. Die Flucht dieser schwarzen Vögel verkündet einen kommenden Wechsel der Jahreszeit. Ich habe Sie vor allerlei Unvorsichtigkeiten in Ihrer Natur gewarnt, die Ihnen Schaden bringen könnten; nun will ich Sie vor einigen warnen, die ich als meine eigenen Schwächen kenne. Sie sind nüchterner als ich; aber wenn Sie über dem Rotwein warm werden, so schwatzen Sie kindisch. Für einen Minister, der Erfolg haben will, sind gelegentlich drei Dinge erforderlich: Wie ein ehrlicher Mann zu sprechen, wie ein unehrlicher zu handeln und sich nichts daraus machen, ob die Leute ihn ehrlich oder unehrlich schelten. Sprechen Sie von Gott so feierlich, als ob Sie an ihn glaubten. Wenn Sie das nicht tun, so will ich nicht mit unserer Kirche sagen, daß man Sie verdammen werde, wohl aber, daß man Sie entlassen werde, und das ist eines Politikers wahre Verdammnis. Die meisten der guten Menschen sind eifrige Parteigänger irgendeiner Religion, die sehr schlechten Menschen sind es fast alle. Die alten Weiber in der Umgebung des Prinzen sind ebenso bekannt für ihre Frömmigkeit wie für ihre Liederlichkeit, und wenn Sie es mit den alten Weibern verderben, so haben Sie es auch mit dem Prinzen verdorben. Er ist ihr Prophet, er ist ihr Ritter, und sie sind seine Houris.

Canning. Es wird mir nicht schwer werden, dieses Gebot zu befolgen. Heutigen Tages reden nur Menschen gegen die Religion, welche irgendeine Unsicherheit oder geheime Furcht im Gewissen tragen, und nur solche spotten darüber, welche von ihr zurückgestoßen und verletzt werden.

Pitt. Canning, Sie müssen das von Oxford mitgebracht haben; der Gedanke kann nicht einmal durch Adoption der Ihre sein; er ist zu tief für Sie und zu gut in Worte gefaßt. Sie glänzen mehr durch Mängel als durch Vorzüge.

Canning. Wenn ich es mir recht überlege, so bin ich meiner Sache nicht ganz sicher, ob der Gedanke, wie man wohl sagen mag, ganz von mir stammt.

Pitt. Dieses Geständnis veranlaßt mich, Ihnen einen anderen guten Rat zu geben. Wortverdreherei können Sie sich überall leisten, wo Sie in der Lage sind, sie zu verteidigen, wenn man Ihnen hart zusetzt. Aber, mein lieber Canning, niemals – ich möchte sagen – nun, nun, ich will deutlich reden: Mein lieber Junge, lügen Sie nie!

Canning. Wie ? Was ? Verzeihen Sie mir! Aber glauben Sie denn, ich habe jemals in meinem Leben gelogen?

Pitt. Die Gewißheit, daß Sie es niemals taten, läßt mich fürchten, daß Sie es ungeschickt tun würden, wenn das Heil des Vaterlandes (der einzige Fall, um den es sich hier handelt) es von Ihnen fordern sollte.

Canning. Das müßte mich freuen; und doch empfinde ich – wenn Sie bekennen, daß Sie mich unfähig glauben –

Pitt. Was bekenne ich? Was glaube ich? Wenn jemand etwas von mir glaubt, wie kann ich das verhindern oder seinen Gedanken umwerfen? Oder welches Recht habe ich, Ärger darüber zu empfinden? Tun Sie nicht so dumm vor mir. Ich ließ Sie kommen, um Ihnen gute Ratschläge zu geben. Wenn Sie fürchten, man könne etwas von Ihnen glauben, was kein lebender Mensch möglicherweise von Ihnen glauben kann, so erkläre ich mich bereit, zu Ihren Gunsten feierlich zu schwören, wie ich bei dem Verhör des Tooke geschworen habe. Ich setze voraus, daß Sie Premierminister werden; dann haben Sie Leute genug zur Verfügung, die bereit sind, für Sie zu lügen; und es würde ebensowenig standesgemäß für Sie sein, selbst zu lügen, als selbst Ihr Haar zu pudern oder Ihre Schuhe zu binden. Ich hatte gewöhnlich Dundas zur Hand, welcher nur auf seine Ehre log und seine Lügen nur mit Berufung auf Gott bekräftigte. Was die zartere Pflicht der Wortverdrehung anbetrifft, so nehmen Sie jene Frage- und Beileidsbriefe, ob Sie nun in Ihrem Eifer, mir zu dienen die Siegel heruntergeschabt haben oder nicht, und legen Sie sie gut beiseite; und wenn in einigen Jahren jemand fragt: »Was würde Herr Pitt gesagt haben?« so ziehen Sie einen davon aus der Tasche und rufen Sie: »Dieses ist der letzte Brief, der aus der Hand des Sterbenden kam.« Ein andermal öffnen Sie ein Schreiben von Burke, dreißig Jahre, nachdem er die vorgeblichen Ratschläge niederschrieb, und sagen Sie bescheiden: »Nur bei dieser einen wichtigen Gelegenheit hat der große Mann an mich geschrieben; er hat mit dem echten Geist des Propheten unsere Schwierigkeiten vorausgesagt.« Aber führen Sie ihn niemals an, wenn es sich um Geldsachen handelt, denn dann würde das Haus Sie auslachen. Burke war ebenso unfähig, eine Schneiderrechnung aufzustellen, als Sheridan unfähig ist, sie zu zahlen.

Ich war im Begriff, Ihnen noch einen anderen Rat zu geben, finde ihn aber bei nochmaligem Bedenken überflüssig. Mein Kopf ist entschieden sehr von meinem Magen abhängig. Die Ärzte versichern mir, das sei immer der Fall, wenn auch bei uns Herren im Amte nicht in so hohem Maße als bei den übrigen Herren außer Amt. Ich wollte Ihnen den Rat geben, immer recht lange Reden zu halten; ein Minister, der kurze Reden hält, erfreut sich nur kurz seiner Macht. Obwohl ich nun immer die Gewohnheit hatte, sehr viel mehr zu sagen, als die Erläuterung meines Gegenstandes erforderte, aus demselben Grunde, aus welchem der verfolgte Hase eine viel größere Strecke Wegs zurücklegt als den geraden Weg, der ihn in sein Dickicht führen würde, so möchte ich Ihnen gegenüber diese Gewohnheit gern fallen lassen, besonders um meine Stimme zu schonen. Sie können ebensowenig innehalten, wenn Sie einmal im Reden sind, wie ein Ball, der eine abschüssige Bahn hinunterrollt. Sie rennen gegen jedes Hindernis und rollen weiter, manchmal mit demselben Wort im Munde, das Ihr boshafter Gegner Ihnen entgegenschleudern will; dabei zeigen Sie, was Sie verbergen sollten, und verbergen, was Sie zeigen sollten. Das hat für einen Minister keine üblen Folgen, es wird für Aufrichtigkeit und Redlichkeit gehalten. In Oxford und Eton wäre es freilich vom Übel gewesen; denn Jungen wagen es, hinter alles zu kommen, und lachen aus vollem Herzen. Ich glaube, es war mein Vater, der mir sagte (wenn es nicht mein Vater war, so weiß ich mich nicht zu erinnern, wer es gewesen sein könnte), daß ein Minister zwei Gaben haben müsse: die Gabe der Ämterverteilung und die Gabe der Geschwätzigkeit. Ich erinnere mich sehr gut, wie er diese letzten Worte verteidigte, als jemand sie einmal bei Tische einen gemeinen Ausdruck nannte. Am Ende des Gefechtes fragte er den Herrn, ob denn nicht alle Dinge einen Namen haben müßten; ob es für dieses einen besseren Namen gebe und ob die Gesellschaft dank ihrer Bildung und Erfindungsgabe vielleicht einen solchen ausfindig machen könne. Die Wichtigkeit der Eigenschaft sei, so sagte er, mit dem Worte »Gabe« bewundernswürdig ausgedrückt. Er fügte lächelnd hinzu: »Selbst die Alliteration hat ihr Verdienst; solche kurzen Redensarten vertragen sie gut. Ein Knallbonbon muß zwei Kopfenden haben.«

Ach, Canning! Warum habe ich meinen Vater nicht in andern Dingen so treu im Gedächtnis getragen. Ich habe nichts von seinem Witz und wenig von seiner Weisheit geerbt; aber all seine Erfahrungen, das Beispiel seines Handelns lagen greifbar vor mir. Ich will jetzt nicht an ihn denken; es würde mich quälen und ärgern.

Canning. Es ist besser, an uns selbst zu denken als an andere; besser die Gegenwart als das einzig wesentliche zu betrachten, Vergangenheit und Zukunft aber als nichts.

Pitt. Sie sind nichts, wahrlich, denn sie sind nicht vorhanden; was nicht vorhanden ist, ist nichts.

Canning. Vorausgesetzt, ich wäre Premierminister – ich bin entzückt, daß der bloße Gedanke Ihrem Antlitz neue Heiterkeit verleiht.

Pitt. Weil er mein Machtgefühl höher steigert denn je; oder mir wenigstens die Einbildung höchsten Machtgefühls gibt. Durch meinen Willen, durch meinen Einfluß sollen Sie der Nachfolger eines Shelburne, eines Rokkingham, eines Chatham werden.

Canning. Ich bitte Sie, zu bedenken –

Pitt. Ob ich das Recht habe, auf etwas anzuspielen, worauf alle anderen doch auch wohl hinweisen werden: Ich will Ihnen so wohl, als wenn irgendein Wunder mich seinerzeit befähigt hätte, Sie zu zeugen. Das, was ich durchzusetzen hoffe, ist kaum weniger wunderbar; und wenn ich mir nicht zu Gemüte führte, was Sie sind, würde ich nicht fühlen, was ich bin. Teilen Sie nicht diese Empfindungen? Würde es ein großes Wunder oder auch nur etwas Besonderes sein, wenn der Abkömmling irgendeiner alten Familie den Gipfel der Macht erstiege und oben sogar mit sauberen Stiefeln ankäme? Sie müssen viele Schritte tun und manche Umwege machen; aber das wird Sie nur in Ihrer eigenen Achtung heben, wenn Sie ein rechter Politiker sind. Sie haben großes Selbstvertrauen und neigen dazu, sich zu überschätzen. Nehmen Sie sich in acht, das Parlament so zu behandeln, wie es nach Ihrer Meinung vielleicht behandelt zu werden verdient, und glauben Sie nicht, daß Sie sich Stimmen gekauft haben, wenn Sie das Geld dafür bezahlten.

Canning. Wie meinen Sie das?

Pitt. Außer der Bezahlung wird noch von Ihnen verlangt, daß Sie eine Rede von schicklicher Länge halten. Man muß dem Volk weismachen, daß seine Vertreter überzeugt worden sind; ein paar klaren Worten aber traut man eine solche Wirkung nicht zu. Sie müssen durch Beteuerungen und Erläuterungen bezeugen, wie sehr es Ihnen am Herzen liegt, jeden Zweifel aus dem Sinn vernünftiger Männer zu tilgen. Ihr Haß gegen alle, welche Ihnen Hindernisse in den Weg werfen und dadurch den Glanz Englands verdunkeln, muß heftig hervorbrechen, stolz einherschreiten und sich ab und zu in ein Gewand hüllen, das nach Schießpulver riecht.

Canning. Dagegen habe ich nichts einzuwenden.

Pitt. So erspart man sich selber Beweise und verlegt den Beweisen der andern den Weg, kurz gesagt, es ist die einzig vernünftige Art der Staatswirtschaft. Kommt die Freiheit oder Einschränkung der Presse zur Verhandlung, so kann es nicht schaden, wenn Sie sich ein paar Witze leisten oder ein paar hochtrabende Wendungen über Gotteslästerungen und Gotteslästerer gebrauchen. Ich habe den Gesichtsausdruck der Gutsbesitzer studiert und habe gefunden, daß diese Worte eine entsetzenerregende Wirkung ausüben; es ist etwas in ihrem Klang, das Stillschweigen gebietet.

Canning. Ich verstehe nicht ganz den Sinn der Worte.

Pitt. Warum wollen Sie ihn denn verstehen? Ist es nötig, daß wir den Sinn aller Dinge verstehen, über die wir reden? Dann laufen Sie nur Gefahr, für flach gehalten zu werden. Reden Sie fließend, und Ihre Zuhörer werden sich bis über die Ohren in Sie verlieben. Wenn Sie niemals plötzlich abbrechen, so wird man Ihre Worte niemals anzweifeln. Außer Atem geraten ist das einzige, was man einem Finanzminister gemeinhin als Schwäche auszulegen pflegt. Alles wird sofort gegen ihn wetten, und einer, der einen längeren Atem hat, wird den Königspreis davontragen.

Canning. Es ist mir klar geworden, daß es einem Manne Gewicht gibt, nicht nur für den Augenblick, sondern auch für die Dauer, wenn er in feierlichem Tone von Gotteslästerung spricht. Aber wenn mich nun ein Sektierer oder ein Advokat fragt, was ich mit einem Gotteslästerer meine?

Pitt. Dann wünschen Sie dem Advokat mehr Einsicht und dem Sektierer mehr Erleuchtung. Berufen Sie sich auf unsere Vorfahren.

Canning. Auf welche ? Die Älteren würden die Jüngeren Gotteslästerer nennen und die Jüngeren die Älteren.

Pitt. Idioten! Aber fahren Sie fort.

Canning. Heutzutage klagt der Lutheraner den Unitarier der Gotteslästerung an, und dieser gibt die Anklage zurück. Der Katholik drängt sich dazwischen, versucht sie zu versöhnen und zu bekehren. Zuerst kocht er gelinde, dann wallt und siedet er; schließlich erhitzt ihn die Nächstenliebe so, daß er sie beide verdammt. »Es wäre Narrheit und Gottlosigkeit, dich noch einen Augenblick länger anzuhören, du Adoptivsohn des Teufels und Erbe der Verdammnis!« sagt er zu dem, der an die göttliche Einheit glaubt. »Und du, eitler Haarspalter, weißt nicht oder gibst vor, nicht zu wissen, daß die Transsubstantiation auf dieselben Autoritäten zurückzuführen ist wie der Trinitarismus. Die eine Lehre ist den Sinnen anstößig, die andere der Vernunft; es tut beiden gut, wenn sie angestoßen werden; dann kann der Glaube das Feld behaupten.«

»Das klingt sehr nach eurem heiligen Augustin«, wirft der Unitarier ein, »er könnte es geschrieben haben. Wenn der Glaube ins Schulzimmer tritt, muß die Vernunft den Mund halten. Wenn sie reden dürfte, würde sie vielleicht sagen, es sei die Frage, was sich leichter irrt, die Sinne oder das Einmaleins.«

»Du hast nicht das Recht, im Hause Gottes eine Frage aufzuwerfen, die ihm nicht genehm ist«, ruft der Katholik dagegen, »noch darfst du dir erlauben, seinen Schafen mit deinem spitzen Stocke in den Bauch zu stoßen, daß sie einander stoßen und drängen und aus der Hürde brechen.«

Pitt. Fabeln Sie nicht so. Sie treiben ja Kleinhandel mit den Bierbankwitzen Ihrer Oxforder Doktoren. Da müssen Ihre Redeblüten herstammen, denn seit Sie Eton verließen, haben Sie keine Zeit gehabt, irgendetwas zu lesen; denken tun Sie nur wenig, und die wenigen Gedanken, die Ihnen gegeben sind, drehen sich um Ihre eigene Person. Die Flügel Ihres Witzes haben auch weder ein so starkes Knochengerüst noch ein so glänzendes Gefieder.

Canning. Das weiß ich nicht. Ich muß freilich gestehen, daß ich ein gut Teil meines Witzes und meiner Theologie unseren Doktoren abgelauscht habe.

Pitt. Ich hoffe, Sie werden in Zukunft zurückhaltender sein und sich bedenken, wann Jammern und wann Scherzen und Spotten am Platze ist. Bei solchen Gelegenheiten lassen Sie Ihre Stimme sinken, lassen Sie Mitleid und Verachtung in Ihren Mienen spielen, und danken Sie Gott mit lobpreisenden Worten, daß er unserem auserwählten Lande die besondere Gunst der ungefährdeten Meinungsfreiheit schenkte.

Canning. Dann wird man einwerfen, daß etliche Bürger genötigt waren, sich ihrer Meinungsfreiheit in der Einsamkeit des Gefängnisses zu erfreuen.

Pitt. Treiben Sie nie eine Beweisführung oder eine Behauptung zu weit und sorgen Sie dafür, daß immer ein Kerl hinter Ihnen steht, der im rechten Augenblick: »Hört! Hört!« ruft. Einwürfe aber werden Ihnen nur die machen, welche Sie zu berücksichtigen vergessen. Die anderen werden für die Weisheit all Ihrer Pläne, die Richtigkeit Ihrer Antworten, die Kraft Ihres Witzes und die Redlichkeit Ihrer Absichten eintreten.

Canning. Würde es Sie sehr ermüden, mir Ihre Ansichten über die innere Politik noch etwas weiter auszuführen?

Pitt. Durchaus nicht. Wählen Sie Ihre Mitarbeiter nie nach dem Gesichtspunkt der Freundschaft oder Begabung aus. Freunde werden leicht zudringlich; begabte Männer aber können zu Rivalen werden. Treffen Sie Ihre Wahl nach zwei ganz anderen Gesichtspunkten; sehen Sie auf Willfährigkeit und gute Verbindungen. Die paar geschäftskundigen Männer, die Sie brauchen, können Sie irgendwo am Wegesrande auflesen. Alle Stellen und Ämter besetzen Sie sorglichst mit den hübschesten jungen Leuten, und unter diesen bevorzugen Sie solche, welche schöne Frauen, Mütter und Schwestern haben. Jeder von ihnen hat eine große Partei hinter sich; durch geistige Kühnheit aber werden sie selten gefährlich werden. Ein Mann, welcher Ihnen drei Stimmen bringt, ist wertvoller als einer, der dreimal so klug ist wie Sie. Denn wenn wir auch im Privatleben sehr gewinnen können, wenn wir unseren geringen Weisheitsschatz vermehren, so wissen wir im öffentlichen Leben doch nicht, was wir mit diesem Schatze anfangen sollen; oft ist er uns im Wege; oft ist er uns beschwerlich. Allen Männern, die Ihnen überlegen sind, besonders im folgerichtigen Denken und in der Beredsamkeit, müssen Sie sich bei den Wahlen widersetzen, ganz einerlei, was ihre Grundsätze sind und welcher Partei sie angehören. Wenn alle vornehmen Männer, die ein Amt wünschen, untergebracht sind, so bevorzugen Sie zunächst solche, die glauben, Ihnen ähnlich zu sein: Junge Redner, junge Dichter, junge Kritiker, junge Satiriker, junge Journalisten, junge Redakteure und junge Pasquillanten; unter diesen aber nur solche, denen auf ihrer Laufbahn nichts Schlimmeres begegnet ist, als daß man sie einmal verprügelt oder ins Wasser geworfen hat. Ein jeder von ihnen wird sich mit der Hoffnung schmeicheln, durch Adoption Ihr Nachfolger zu werden. Mein Vater meinte einmal in seiner blumenreichen Art, wenn ein Insekt die Oberfläche eines Stromes berühre, so ziehe das Wasser Kreise und fange in den Kreisen das Licht der Sonne oder des Mondes auf, während die stille Fläche ringsumher dunkel bleibe. So könne auch ein unbedeutender Staatsmann die Augen des Königs und des Volkes auf sich ziehen, wenn er das geschmeidige Element um sich in Bewegung setze; während stillere Menschen unbemerkt vorüberzögen und nicht einmal diesen schwachen Eindruck, diesen vorübergehenden Glanz zurückließen. Dieser Lehre eingedenk pflegte Dundas zu sagen: »Immer feste drängeln!« Ich weiß nicht, ob diese Vorschrift von seinem ganzen Anhang so aufgefaßt und ausgeführt wurde, wie er es beabsichtigte. Es ist viel von einer Reform unserer parlamentarischen Gebräuche die Rede gewesen, im Parlament selbst und außerhalb des Parlaments.

Canning. Ich habe wiederholt geäußert, das Wohl des Landes hänge von dieser Reform ab; das ist peinlich.

Pitt. Durchaus nicht; widersetzen Sie sich ihr; sagen Sie, Sie seien anderer Meinung geworden – das genügt als Begründung; und kommen Sie nicht im Eifer, einen Gegner niederzurennen, über Schlimmerem zu Fall. Sie werden erleben, daß alles ruhig seinen alten Gang weitergeht.

Canning. Bei Gott, das ist schlimm genug.

Pitt. Schlimm genug, aber nur für das Land. Die Leute werden sehen, daß Felder und Vieh, Straßen und Einwohner genau so aussehen wie immer. Die Häuser stehen fest am alten Fleck, aus den Schornsteinen steigt der Rauch, die Pflastersteine rühren sich nicht. Sie werden Ihren Genius preisen, der das Land trotz aller gegenteiligen Weissagungen, die man ihnen zu hören gegeben hat, so wohl über Wasser zu halten versteht. Die Menschen ziehen ihre Schlüsse aus dem, was sie sehen und hören. Sie ahnen nicht, daß es Redlichkeit, Vertrauen und Behaglichkeit sind, deren Schwinden den Rückgang eines Landes ankünden. Weil sie tagtäglich die prächtigen Kutschen und Jobber und Bankiers vorüberfahren sehen; weil sie von den üppigen Gastmählern lesen, welche von Ministern und Armeelieferanten veranstaltet werden; weil man sie zu phantastischen Spekulationen in Ost und West auffordert, meinen sie, an Reichtum und Gedeihen könne es nicht fehlen. Der Reichtum aber häuft sich an diesen wenigen Stellen zusammen, wird von diesen wenigen Menschen festgehalten und verschlungen. Ich habe die Reform des Parlaments von Sitzung zu Sitzung verschoben; denn ich hatte geschworen, sie mit allen mir zu Gebote stehenden Mitteln zu fördern, und wollte vor dem Volke nicht als Meineidiger dastehen. In der Maidstone-Affäre konnte mir niemand einen Meineid nachweisen; ich habe geschworen, etwas vergessen zu haben, und ich wäre der einzige gewesen, der das Gegenteil hätte beschwören können. Es war aller Welt klar, daß ich mich eines Meineides schuldig gemacht hatte, ebenso klar aber, daß ich sehr mächtig war, und dasselbe Volk, das jedem anderen eine Stellung am Pranger gegeben hätte, gab mir eine Stellung im Staatsrat. Sie können mir nicht nachfühlen, welche Freude mir dieser Meineid bereitet hat; er zeigte mir den Abstand zwischen mir und der Allgemeinheit. Aber bilden Sie sich ja nicht ein, daß Sie mir gleichen. Die Krücke meines Vaters habe ich als Zepter geschwungen, und ich werde sie mit mir ins Grab nehmen. Sie ist ein Erbstück, das ich nicht weiter vermachen kann. Ich habe es wesentlich verbessert. Meine Anhänger in Maidstone meinten, mein Vater würde wohl gezögert haben, so mutig zu vergessen. Der Schein sprach gegen mich. Es war sehr unwahrscheinlich, daß meinem Gedächtnis plötzlich etwas entfallen sein sollte, was mich in meinen jüngeren Jahren fast ausschließlich beschäftigt und erfüllt hat, was ich tagtäglich ausgesprochen habe, was mich bekannt und mächtig gemacht hat; noch dazu inmitten derer, welche mich damals umgaben, mir zujubelten und anhingen. Trotzdem aber werden Bischöfe und Kanzler nach meinem Tode ihre Gläser auf mich als auf den redlichsten Mann aller Zeiten leeren.

Canning. Was! Selbst, wenn sie nichts mehr von Ihnen fordern und erwarten können?

Pitt. Sie erwarten mehr von mir, als Sie ahnen. Sie brauchen mich als Beispiel, auf das sie sich berufen können. Sie werden hinter meinem Denkmal hervor auf unser Vaterland zielen. Stören Sie sie nicht! Sie können Ihr Kokettieren mit der Reform aufgeben, sobald Sie es müde sind. Sie haben nicht als Staatsmann, sondern als Staatsknabe angefangen; Sie stehen unter meiner Vormundschaft, und Sie können gar nichts Besseres tun, als den Leuten versichern, daß ich mir in den letzten Jahren meines Lebens über meinen Irrtum klar geworden sei. Canning. Vielleicht werden sie mir nicht glauben.

Pitt. Sehr wahrscheinlich! Alle Höflichkeit und Interesse werden Ihren Glauben fordern, und sie werden handeln, als ob sie glaubten. Die lautesten Schreier der Opposition sind die Rechtsanwälte; sie schreien teils aus Unbildung, teils aus Habgier. Handeln Sie immer unter der Voraussetzung, daß selbst dem ehrlichsten Rechtsanwalt im Parlament seine Partei ebenso gleichgültig ist wie ein Klient! Wer ihn bezahlt, der hat ihn. Es ist kaum einer unter ihnen, der mehr Berufung in sich hat als Sie oder ich; aber sie maßen sie sich an ebensogut wie wir. Ist das keine Täuschung, kein Betrug? Einige von ihnen sind so grenzenlos arm gewesen, daß ihnen ein geborgter Uhrschlüssel an einem zerrissenen Schnürsenkel aus der zerlumpten Westentasche hing; und wenn es ihnen gelang, sich auf Kredit einen Meter verdorbenen Musselins zu verschaffen, so baten sie um eine Prise, wo sie eine Schnupftabaksdose offen sahen, und schnupften, um sich eine Gelegenheit zum Entfalten ihres neuen Einkaufs zu verschaffen.

Canning. Es wundert mich, daß diese Leute so laut nach einer würdigeren Volksvertretung schreien.

Pitt. Einige von ihnen sind wirklich eitel genug, zu glauben, daß man sie wählen würde und daß sie in der Lage sein würden, ihre Kollegen wählen zu können; andere befolgen fremde Anordnungen; die meisten aber wünschen durchaus keine Reform und würden nie danach schreien, wenn sie es für möglich hielten, daß sie je zustande kommen könnte. Es verhält sich wie folgt: Die ehrlichsten und unabhängigsten Mitglieder des Parlaments werden von den bestechlichen Wahlflecken gewählt; sie bezahlen mit eigenem Gelde und stimmen nach eigenem Gutdünken; sie sind weder dem Adel noch der Schatzkammer dienstbar. Das kann man den andern Mitgliedern nicht nachrühmen. Ich habe niemals gewagt, im Parlamente darauf anzuspielen. Das Volk würde in Angst geraten und sich entsetzen, wenn man ihm klar machen wollte, daß seine besten Vertreter durch faule Bestechung zu ihren Sitzen gekommen sind. Vielleicht ist es unvorsichtig von mir, Ihnen diese Tatsache zu eröffnen. Kenne ich doch die diabetes Ihres Geistes; kenne ich doch Ihre Zunge, die man ebenso leicht in Bewegung setzen kann wie den Kopf eines Pagoden auf dem Kaminsims im Wirtshaus. Gewöhnen Sie sich das Grübeln ab!

Canning. Man grübelt nur, solange man sich sehnt; hat man das Ersehnte erreicht, so hört man auf zu grübeln.

Pitt. Dann brauche ich Sie nicht daran zu erinnern, daß Sie nur ein numerisches Übergewicht nötig haben. Ein Talent hat auch nur eine Stimme, ein redlicher Mann auch. Das elendeste Stimmvieh, das Dundas je auf die Beine gebracht hat, fällt ebenso ins Gewicht wie ein Romilly oder ein Newport. Am Anfang meiner Ministerlaufbahn habe ich manchmal den Wunsch gefühlt, mir gleich diesen immer treu zu bleiben. Später aber ist mir klar geworden, daß Unbeständigkeit bei einem Staatsmann für Größe gehalten wird. »Er versteht es, die Menschen zu behandeln; er hat einen Blick für die Bedürfnisse der Zeit; er weiß sich mit Würde und großem Sinn in das Unvermeidliche zu fügen«, so redet man, oder wird man reden. Wenn der Wind einen Mantel aufbläst und abwechselnd die Farbe des Futters und die Farbe des Oberstoffs sehen läßt, dann wird der Mantel dem Auge besonders prächtig erscheinen. Wenn einmal die Politik oder Ihre eigene Natur Sie zu einer Handlung treibt, die durch größere Gemeinheit oder Unsauberkeit von Ihrer gewöhnlichen Handlungsweise absticht; wenn Sie einmal Ihr Vaterland in besonders schweres Unglück oder brennende Gefahr gestürzt haben – dann halten Sie den Kopf hoch und reden Sie zuversichtlich! schwören Sie, drohen Sie, prahlen Sie! machen Sie Witze, und stellen Sie sich fromm! spotten und höhnen Sie! tun Sie, als wenn Sie krank wären, als wenn Sie die Gicht hätten! rufen Sie Gott zum Zeugen, daß Sie willens seien, Ihr Amt niederzulegen, sobald Sie Ihrem König und Ihrem Vaterlande nicht mehr nützen könnten! daß Sie aber im gegebenen Moment nur ungern Ihren Posten verlassen würden, weil dadurch das blühendste aller Länder den wilden Leidenschaften unersättlicher Demagogen zur Beute fallen könnte. Nur der ausdrückliche Wunsch Ihres ehrwürdigen Herrschers und die unzweideutige Stimme des Volkes, die Sie seiner Beachtung empfohlen hat, würden Sie bewegen können, einen Platz zu verlassen, auf welchem die Hand der Vorsehung Sie geführt habe. Nur scharfe Augen können durch so viel Worte hindurch auf den Grund sehen; mir sind so scharfe Augen nie begegnet, und ich habe doch ihrer tausende geprüft. Der Mann, der diese scharfen Augen hat, müßte fähig sein, Swedenborg und Kant zu lesen, während er auf einem Tuch geprellt wird. Sorgen Sie vor allem dafür, daß Ihre Freunde und Anhänger immer bei guter Laune und bei guten Mitteln sind! Mit dem Embonpoint dieser Leute schwindet das Vertrauen des Volkes zu Ihnen. Auf diesen Gedanken hat mich mein Koch gebracht im Sommer vor zwei Jahren. Ich fand ihn im Hofe, wie er auf und nieder ging und sich mit den Fäusten auf die Hüften schlug; sein Gesicht war rund und rosig, trug aber einen schwermütigen Ausdruck. Ich rief ihn an, und als er sich umwandte, fragte ich ihn, was ihn so aus der Fassung bringe. Er antwortete, Sam Spack, der Fleischer, habe Bankerott gemacht. »Nun, was kümmert dich das?« sagte ich, »fürchtest du, seine Gläubiger könnten mir über den Hals kommen, weil ich ihm seit zwei Jahren die Rechnungen nicht bezahlt habe?« Er schüttelte den Kopf und erzählte mir, er habe dem Sam Spack sein ganzes Vermögen geliehen, gute fünfhundert Pfund. »Das ist deine eigene Dummheit!« rief ich. »Ja, sehen Sie, Herr!« sagte er und öffnete die Hand, um noch besonders zu bekräftigen, für wie unwiderleglich er seine Worte hielt, »Wer würde ihm nicht alles geliehen haben? Er fluchte und aß wie der Teufel und trank, als wenn er in der Hölle säße. Sein Hund war feister als das fetteste Kalb in Kent.« Es fällt mir ein, daß ich diesem unglücklichen Koch mehrere Jahreslöhne schuldig bin. Schreiben Sie sich seinen

Namen auf, William Ruffhead. Sie müssen etwas für ihn tun. Ein kleiner Auftrag an der französischen Küste würde genügen. In sechs Monaten kann er gut und gern in aller Stille seine zwanzigtausend Pfund zusammenbringen, und dann ist er Zeit seines Lebens seiner armseligen drei Guineen täglich sicher. Schreiben Sie hinter den Namen: »Stellvertretender Kommissär.« Ruffhead ist ein so ehrlicher Kerl, daß er nur wie ein Seehund unter einem Schwarm von Haifischen auf Beute ausziehen wird. Geben Sie nie Ihre Einwilligung zu einer Verringerung der staatlichen Ausgaben. Sehen Sie alles, was vom Parlament für öffentliche Zwecke bewilligt wird, als Ihr eigenes Vermögen an! Das größte Vermögen in England würde bald erschöpft sein, wenn man seine Anhänger selbst bezahlen müßte und nicht die Staatskrippe zur Verfügung hätte. Ich habe gelächelt, wenn die Menschen mir in der Einfalt ihres Herzens Beifall spendeten, weil ich es vernachlässigte, mein Vermögen zu vergrößern. Jeder Acker Landes auf britischem Boden ist so unterminiert, daß ich durch einen Parlamentsbeschluß den Eigentümer zwingen kann, mir vom Ertrag sooft und soviel abzutreten, als ich brauche. Aus jeder Tabakspfeife, die in England geraucht wird, tut einer meiner Anhänger einen Zug, aus jedem Salzfaß nimmt er einen Löffel voll. Ich habe meinen Angehörigen mehr zugewendet als Tamerlan und Aurungzebe; ich verteile nach eignem Ermessen einen Betrag von fünfzig Millionen im Jahr. Bedeutet denn das Privateigentum am Inhalt meines Portemonnaies etwas anderes als das Recht der freien Verfügung über diesen Inhalt? Weder meine Tasche noch mein Haus, weder die Bank noch die Schatzkammer, weder London noch Westminster, weder England noch Europa sind geräumig genug, mein Vermögen zu fassen. Es kursiert zwischen West- und Ostindien und schifft auf dem Weltmeer.

Canning. Ich verstehe. Sie geben nur aus, wenn Sie Zeit und Gelegenheit zum Ausgeben haben. Niemand gibt feinere Diners; nur Wenige bessere Weine –

Pitt. Canning! Canning! Canning! Immer müssen Sie auf plumpe Schmeicheleien verfallen! Da Sie vom Wein sprechen, mahnen Sie mich an meinen Tod und die Ursache meines Todes. Nur um die Franzosen und Bonaparte zu ärgern, habe ich keinen Claret getrunken; Madeira war zu heiß, Rheinwein zu leicht und sauer für mich.

Canning. Man muß ihn mit Selterwasser mischen; der Dechant von Christ Church hat es mir gesagt.

Pitt. Das hätte meine Reden zu windig gemacht; es wäre nicht schicklich gewesen, mit dem Sprecher vor mir und der Minister-bank hinter mir eine Dampfmaschine von solcher Kraft in Bewe-gung zu setzen. Das abscheuliche Gesöff von Oporto verzehrt jetzt meine Eingeweide.

Canning. Es ist ein Getränk, das man den zum Tode Verurteilten reichen sollte.

Pitt. Wenn sie verurteilt sind, durch Gift zu sterben. Da Sie mor-gen früh nach London zurückkehren müssen und da ich vielleicht zu anderer Zeit nicht aufgelegt oder fähig bin, viel zu sprechen, so will ich jetzt alles sagen, was mir noch zu sagen bleibt. Lassen Sie sich nie überreden, eine gemischte Regierung von Whigs und Tories einzusetzen! Denn da Sie nicht beiden gleichzeitig gefällig sein kön-nen, so werden beide ewige Intrigen spinnen, um Sie durch irgend-einen Führer ihrer Partei zu verdrängen. Stellen Sie Männer an, die weniger Wissen und weniger Scharfblick besitzen als Sie, falls es Ihnen gelingt, solche zu finden! Sorgen Sie dafür, daß keiner zu nahe und keiner zu hoch steht, damit keiner einen Blick in Ihre Un-tiefen werfen und das Unkraut auf dem Grunde sehen kann. Sie können Schriftsteller anstellen! Aber Sie dürfen sie nicht verzärteln; Sie müssen sie durch harte Arbeit in Atem erhalten und gefügig machen. Viele von ihnen sind zuverlässig, solange man sie braucht; füttern Sie sie nur mit Verheißungen! Das eröffnet ungemessene Aussichten. Ich meinerseits achte keinen der lebenden Schriftsteller sehr hoch. Den einzigen unter den Alten und Neuen, den ich je gründlich gelesen habe, ist Bolingbroke. Er wurde mir als Vorbild empfohlen. Ich habe mich ausschließlich an seinen Grundsätzen, seinem Gefühlsleben und seinem Stil gebildet. Ihm steht alles gut. Ich liebe ihn besonders, weil er gegen die Anfragen ist – etwas, wo-rin wir am besten tun, ihm nachzuahmen. Wenn das Unterhaus nicht auch der Meinung wäre und nicht für eine Indemnitätsbill gestimmt hätte, so wäre es längst aus mit uns gewesen; ich aber hatte die Gewißheit, sie immer durchzubringen, wenn ich ihrer bedurfte, einerlei, welcher Art die Veranlassung war. Weder freie noch despotische Regierungen können sich einer solchen Gewißheit erfreuen; unsere Verfassung ist für Ausflüchte geschaffen. In der Türkei hätte man mich erdrosselt; in Algier wäre ich gepfählt worden; in Amerika hätte ich auf dem Marktplatz den Galgen besteigen müssen; in Schweden wäre ich auf einem Hofball oder auf einem öffentlichen Festessen einer Pistolenkugel zum Opfer gefallen; in England preist man mich höher als meinen Vater.

Ach, Canning! Wie habe ich frohlockt, als ich zum ersten Male diesen Zuruf hörte! Wie schwer drückte mich die Sorge, als er mir zum letzten Male an die Ohren klang. Mein Vater hatte immer gegen Widerstand zu kämpfen, und doch ist ihm alles gelungen; mir wurde immer geholfen, und doch ist mir alles mißlungen. Er hinterließ das Land blühend; ich hinterlasse es verarmt, ausgesogen und am Rande des Verderbens. Er hinterließ eine Schar tüchtiger Politiker; ich hinterlasse Sie, Canning. Verzeihen Sie mir; Sterbenden kommen unliebsame Gedanken, und sie haben das Vorrecht, sie auszusprechen.

Gute Nacht! Ich will zur Ruhe gehen.

Notiz [Kurzbiographie von Walter Savage Landor]

Walter Savage Landor, geboren den 30. Januar 1775 zu Ipsley Court, gestorben den 17. August 1864 zu Florenz, als Verfasser von Staatsschriften und Gedichten der erste Meister der neuen englischen Prosa und der letzte der humanistischen Lyrik, gleichzeitig der letzte große lateinische Dichter Europas (Gebirus), erwachsen unter dem Eindrucke der Befreiung Europas von der französischen Revolution und ihren Folgen, früh nach Italien übergesiedelt, Freund Arndts und Cornelius', Rivale Byrons, Verteidiger Wordsworths und Southeys, schuf dort auf den Stilgrundlagen der Gespräche Ciceros die Gattung der imaginären Unterhaltungen, deren einziger Meister er bleiben sollte, erlebte noch und erwiderte dankbar die Bewunderung Thomas Hoods, Dickens', Brownings, im höchsten Alter die stürmischen Huldigungen Swinburnes, nicht mehr die Erhebung zur europäischen Klassizität durch Friedrich Nietzsche.

Rudolf Borchardt

Über tredition

Eigenes Buch veröffentlichen

tredition wurde 2006 in Hamburg gegründet und hat seither mehrere tausend Buchtitel veröffentlicht. Autoren veröffentlichen in wenigen leichten Schritten gedruckte Bücher, e-Books und audioBooks. tredition hat das Ziel, die beste und fairste Veröffentlichungsmöglichkeit für Autoren zu bieten.

tredition wurde mit der Erkenntnis gegründet, dass nur etwa jedes 200. bei Verlagen eingereichte Manuskript veröffentlicht wird. Dabei hat jedes Buch seinen Markt, also seine Leser. tredition sorgt dafür, dass für jedes Buch die Leserschaft auch erreicht wird.

Im einzigartigen Literatur-Netzwerk von tredition bieten zahlreiche Literatur-Partner (das sind Lektoren, Übersetzer, Hörbuchsprecher und Illustratoren) ihre Dienstleistung an, um Manuskripte zu verbessern oder die Vielfalt zu erhöhen. Autoren vereinbaren direkt mit den Literatur-Partnern die Konditionen ihrer Zusammenarbeit und partizipieren gemeinsam am Erfolg des Buches.

Das gesamte Verlagsprogramm von tredition ist bei allen stationären Buchhandlungen und Online-Buchhändlern wie z. B. Amazon erhältlich. e-Books stehen bei den führenden Online-Portalen (z. B. iBookstore von Apple oder Kindle von Amazon) zum Verkauf.

Einfach leicht ein Buch veröffentlichen: **www.tredition.de**

Eigene Buchreihe oder eigenen Verlag gründen

Seit 2009 bietet tredition sein Verlagskonzept auch als sogenanntes "White-Label" an. Das bedeutet, dass andere Unternehmen, Institutionen und Personen risikofrei und unkompliziert selbst zum Herausgeber von Büchern und Buchreihen unter eigener Marke werden können. tredition übernimmt dabei das komplette Herstellungs- und Distributionsrisiko.

Zahlreiche Zeitschriften-, Zeitungs- und Buchverlage, Universitäten, Forschungseinrichtungen u.v.m. nutzen diese Dienstleistung von tredition, um unter eigener Marke ohne Risiko Bücher zu verlegen.

Alle Informationen im Internet: **www.tredition.de/fuer-verlage**

tredition wurde mit mehreren Innovationspreisen ausgezeichnet, u. a. mit dem Webfuture Award und dem Innovationspreis der Buch Digitale.

tredition ist Mitglied im Börsenverein des Deutschen Buchhandels.

Dieses Werk elektronisch lesen

Dieses Werk ist Teil der Gutenberg-DE Edition DVD. Diese enthält das komplette Archiv des Projekt Gutenberg-DE. Die DVD ist im Internet erhältlich auf **http://gutenbergshop.abc.de**

Zeitfracht Medien GmbH
Ferdinand-Jühlke-Straße 7
99095 Erfurt, Deutschland
produktsicherheit@kolibri360.de

Tucholsky Wagner Scott
Turgenev Zola Sydow
Wallace Fonatne Freud Schlegel
Twain Walther von der Vogelweide Fouqué Friedrich II. von Preußen
Weber Freiligrath Frey
Fechner Weiße Rose von Fallersleben Kant Ernst Frommel
Fichte Richthofen
Engels Fielding Hölderlin
Fehrs Faber Flaubert Eichendorff Tacitus Dumas
Maximilian I. von Habsburg Fock Eliasberg Ebner Eschenbach
Feuerbach Eliot Zweig
Ewald Vergil
Goethe Elisabeth von Österreich London
Mendelssohn Balzac Shakespeare Dostojewski Ganghofer
Trackl Lichtenberg Rathenau Doyle Gjellerup
Stevenson Hambruch
Mommsen Tolstoi Lenz Droste-Hülshoff
Thoma Hanrieder
Dach von Arnim Hägele Hauff Humboldt
Reuter Verne Hagen Hauptmann Gautier
Karrillon Garschin Rousseau
Defoe Baudelaire
Damaschke Descartes Hebbel
Hegel Kussmaul Herder
Wolfram von Eschenbach Schopenhauer Rilke George
Bronner Darwin Melville Grimm Jerome Bebel
Campe Horváth Aristoteles Proust
Bismarck Vigny Voltaire Federer Herodot
Gengenbach Barlach Heine
Storm Casanova Tersteegen Grillparzer Georgy
Chamberlain Lessing Langbein Gilm Gryphius
Brentano Lafontaine
Strachwitz Claudius Schiller Kralik Iffland Sokrates
Katharina II. von Rußland Bellamy Schilling
Gerstäcker Raabe Gibbon Tschechow
Löns Hesse Hoffmann Gogol Wilde Vulpius
Luther Heym Hofmannsthal Gleim
Roth Klee Hölty Morgenstern Goedicke
Heyse Klopstock
Luxemburg Puschkin Homer Kleist
La Roche Horaz Mörike
Machiavelli Kierkegaard Kraft Kraus Musil
Navarra Aurel Musset
Nestroy Marie de France Lamprecht Kind Kirchhoff Hugo Moltke
Laotse Ipsen Liebknecht
Nietzsche Nansen
Marx Ringelnatz
von Ossietzky Lassalle Gorki Klett Leibniz
May vom Stein Lawrence Irving
Petalozzi Knigge
Platon Pückler Michelangelo Kafka
Sachs Poe Kock
Liebermann Korolenko
de Sade Praetorius Mistral Zetkin

Der Verlag tredition aus Hamburg veröffentlicht in der Reihe **TREDITION CLASSICS**
Werke aus mehr als zwei Jahrtausenden. Diese waren zu einem Großteil vergriffen
oder nur noch antiquarisch erhältlich.

Symbolfigur für **TREDITION CLASSICS** ist Johannes Gutenberg (1400 — 1468),
der Erfinder des Buchdrucks mit Metalllettern und der Druckerpresse.

Mit der Buchreihe **TREDITION CLASSICS** verfolgt tredition das Ziel, tausende
Klassiker der Weltliteratur verschiedener Sprachen wieder als gedruckte Bücher
aufzulegen – und das weltweit!

Die Buchreihe dient zur Bewahrung der Literatur und Förderung der Kultur.
Sie trägt so dazu bei, dass viele tausend Werke nicht in Vergessenheit geraten.